D1674925

Jesus hatte vier Brüder

Christine Hubka: Jesus hatte vier Brüder

Alle Rechte vorbehalten
© 2012 edition a, Wien
www.edition-a.at

Lektorat: Fabian Burstein, Johannes Epple

Cover: Hidsch, Emilia Hager
Gestaltung: Raphaela Brandner
Druck: Theiss (www.theiss.at)

Gesetzt in der Premiéra

1   2   3   4   5   6   —   15   14   13   12

ISBN 978-3-99001-049-5

Christine Hubka

Jesus hatte vier Brüder

Was wirklich in der Bibel steht

edition a

INHALT

VORWORT

Dieses Buch wird Ihnen nicht gefallen, wenn Sie Theologe sind und meinen, dass ein Buch über die Bibel Literaturhinweise und Fußnoten haben müsste. Ich habe hier zwar wissenschaftliche Theologie nach bestem Wissen und Gewissen betrieben und die biblischen Texte in den Ursprachen herangezogen und übersetzt. Dennoch ist meine Annäherung an die biblischen Geschichten keine theologische Schrift mit streng wissenschaftlicher Sprache. Wer die theologische Kunst beherrscht, wird wissen, wo nachzuschlagen ist. Dieses Buch ist vor allem für Menschen geschrieben, die den Jargon und die Methoden der theologischen Zunft weder verstehen noch brauchen.

Dieses Buch wird Ihnen auch nicht gefallen, wenn Religion und Glaube für Sie bedeutet, unverrückbare Grundsätze und Anschauungen zu haben, keine Fragen zu stellen und Lehrmeinungen als ewige Wahrheiten hinzunehmen. Dann sollten Sie dieses Buch nicht lesen. Sie würden sich nur ärgern. Sie sollten es auch nicht lesen, wenn Sie Humor, Augenzwinkern und eine lebensbejahende Leichtigkeit für die natürlichen Feinde der Religion halten.

Dieses Buch wird Ihnen erst recht nicht gefallen, wenn Sie der Meinung sind, dass Religion und Vernunft, Religion und wissenschaftliche Erkenntnis, Religion und historische Fakten unvereinbar sind, und Sie werden dieses Buch regelrecht hassen, wenn Sie meinen, dass Gott ein alter Mann mit weißem Bart ist, der im Himmel wohnt und höchstpersönlich alle Vorstellungen über sich und seine Ideale den Schreibern diktiert hat, um eine Propagandaschrift gegen seinen Erzfeind, den Teufel, zu verfassen.

Für mich ist die Bibel ein Buch, das niemand je zu Ende lesen kann. Auch nach über dreißig Jahren als Pfarrerin und Predigerin entdecke ich jedes Mal neue Facetten, wenn ich mich mit biblischen Texten befasse.

Im Laufe der Zeit hat sich ein selektiver Umgang mit der Bibel eingebürgert. Manche Texte, zum Beispiel die Geschichte von der

Geburt Jesu, sind so bekannt, dass jeder zu wissen meint, was die Bibel hier erzählt. Es lohnt sich, die eigenen Vorstellungen anhand des Originals wieder einmal zu überprüfen. Auf unvoreingenommene Leser wartet die eine oder andere Überraschung. Viele hochbrisante Geschichten der Bibel kommen in den sonntäglichen Predigten nicht vor. Auch engagierte Christen kennen sie nicht. Manche Gedanken der Bibel fanden niemanden, der sie weiterverbreitete. Die Gründe dafür sind verschieden. Der Zeitgeist hat zu allen Zeiten stets Zensur geübt. Gedanken, die nicht in den aktuellen Mainstream passten, hatten wenig Chance. So konnte es passieren, dass viele Stärken der Bibel in Vergessenheit geraten sind. An dieser Stelle also eine Klarstellung. Die Bibel ist ein revolutionäres, humanistisches, lebensfrohes und überaus sinnliches Buch. Sie ist von zeitloser Relevanz und ist wesentlich lebensnäher, als manches sich modern gebende Werk.

Mit diesem Buch will ich Sie verführen, Unbekanntes in einem dicken Wälzer zu entdecken, der ungelesen in vielen Bücherregalen steht.

Noch ein kleiner Hinweis zur gewählten Form. Die Ordnung der Kapitel folgt der Ordnung der biblischen Bücher, von denen der jeweilige Schwerpunkttext inspiriert wurde. In der Regel zitiere ich nach der revidierten Lutherübersetzung von 1984. Die Bibelübersetzung Martin Luthers ist durch Vertonungen großer Komponisten die bekannteste. Biblische Originalzitate sind *kursiv* gesetzt. Wo ich eine andere Übersetzung verwende, habe ich das extra ausgewiesen.

Ich wünsche Ihnen, dass Sie beim Lesen immer wieder den Kopf schütteln, aus dem Staunen nicht herauskommen, vielleicht sogar das eine oder andere Mal nach Ihrer Bibel greifen und überprüfen, was ich behaupte. Denn für den Umgang mit der Bibel gilt: Nichts glaubend hinnehmen, sondern selber nachschauen.

Christine Hubka, Wien im November 2012

GOTT SCHUF DIE WELT NICHT IN SIEBEN TAGEN

Generationen von Schülern haben Friedrich Schillers »Lied von der Glocke« auswendig gelernt. Darin heißt es:

Nehmet Holz vom Fichtenstamme,
Doch recht trocken lasst es sein,
Dass die eingepresste Flamme
Schlage zu dem Schwalch hinein!
Kocht des Kupfers Brei!
Schnell das Zinn herbei,
Dass die zähe Glockenspeise
Fließe nach der rechten Weise!

Niemand, der diese Ballade liest, würde sie als eine rein technische Anleitung zum Glockengießen verstehen. Wenn Schiller Zinn, Kupfer, trockenes Fichtenholz und andere Glockengießer-Ingredienzen in diesem poetischen Stück aufzählt, geht es ihm um eine allgemeine Betrachtung der menschlichen Existenz.

Im »Lied von der Glocke« zeigt sich deutlich der Unterschied zwischen Gebrauchstext und Dichtung. Gebrauchstexte bieten ausschließlich technische Handlungsanleitungen. Dichterische Werke regen die Fantasie an. Was für das »Lied von der Glocke« gilt, gilt auch für die lyrischen Texte der Bibel. Im Buch der Bücher stehen auch Balladen, Lieder, Gedichte und Hymnen. Der Leser versteht sie nicht, wenn er sie wie eine Bedienungsanleitung liest.

Gleich auf der ersten Seite der Bibel begegnet uns Lyrik vom Feinsten. Es handelt sich um die Hymne von der Schönheit der Schöpfung. Im hebräischen Urtext ist der Liedcharakter leichter zu erkennen als in der deutschen Übersetzung. Beim lauten Lesen der deutschen Fassung stellt sich aber auch ein Rhythmus ein, der so gar nicht zu einem Gebrauchstext passt.

Da ist zum Beispiel ein kleiner Refrain eingebaut, der sich ständig wiederholt:

Und Gott sah, dass es gut war. Da ward aus Abend und Morgen der 1., 2., 3., und jeder weitere Tag.

Wer ein Lied dichtet, möchte die Herzen der Menschen erreichen.

Wer ein Lied dichtet, möchte, dass die Stimmung des Liedes in den Menschen mitschwingt.

Wer ein Lied dichtet, möchte, dass die Menschen dazu tanzen und mitsingen.

Auch das Beharren auf eine wortwörtliche Bedeutung widerspricht der Logik der Lieddichtung. In den 1960er-Jahren haben die Jugendlichen mit den Beatles mitgesungen: *We all live in a yellow submarine, yellow submarine, yellow submarine.*

Keiner von den Teenagern wäre dabei auf die Idee gekommen, die Welt für ein »gelbes U-Boot« zu halten.

Die Dichter der biblischen Hymnen hatten ähnliche Anliegen wie alle anderen erfolgreichen Lieddichter auch. Sie wollten die Menschen berühren.

Nicht nur Dichter, auch Dichterinnen haben in der Bibel ihre Spuren hinterlassen. Immerhin stammt das älteste Lied der Bibel von Mirjam, der Schwester des Moses.

Die Schöpfung inspiriert Dichter

Ich stelle mir vor, wie ein Mensch bei Sonnenaufgang auf einer Anhöhe sitzt und übers Meer blickt. In der Ferne zieht ein Schwarm Delfine vorbei. Möwen fliegen kreischend umher. Im Hinterland liegen sattgrüne Hügel. An den Hängen wächst Wein. In den Tälern wiegt sich das Korn im sanften Wind. Es ist ein idyllischer, ein herrlicher Tag. Unsere Dichterin, unser Dichter, hat heute frei. Es ist der Shabbat des Herrn. Der Tag ist schön. Die Menschen sind unbeschwert und frei von jeder Arbeit. In diesem Moment vollkommener Schönheit entsteht ein Lied. Eine kleine

Dichtung, die nur ein Ziel hat – Gott zu loben und zu preisen. Was von der Anhöhe zu sehen ist, inspiriert den Dichter. Der Himmel, die Sonne, das Meer. Vögel, Fische, Insekten, Bäume, Sträucher, Blumen.

Es gibt mehrere Schöpfungslieder

Das allererste Bibellied mit seinen sieben Strophen ist nur eines von vielen Schöpfungsliedern. Der Dichter des 96. Psalms schreibt zum Beispiel:

Das Feld sei fröhlich und alles was darauf ist;
es sollen jauchzen alle Bäume im Walde.

Bei meinen Waldspaziergängen habe ich noch nie jauchzende Bäume getroffen. Die Vorstellung versetzt mich aber in eine fröhliche Stimmung.

Die Menschen in biblischer Zeit konnten dieses und alle anderen Schöpfungslieder auswendig und sangen sie bei Gottesdiensten und anderen Gelegenheiten.

Eine Generation gab der nächsten die Melodien weiter. Niemand hat sie je aufgeschrieben. Die Kinder lernten durch zuhören und mitsingen.

Die besondere Bekanntheit der Schöpfungshymne im ersten Buch Mose gegenüber den anderen Schöpfungsliedern weiter hinten in der Bibel lässt sich leicht erklären. Wer ein Buch zur Hand nimmt, schlägt gewöhnlich die erste Seite auf. Manche kommen über den Anfang nie hinaus. Dieses Los teilt die Bibel mit anderen Büchern. Genau so einfach lässt sich das Rätsel der sieben Tage lösen. Die sieben Tage liefern den perfekten Rahmen für eine Ode an die Schönheit. Nicht umsonst gibt es auch im alpenländischen Volksliedgut Werke, die mit den Wochentagen spielen: *Was ist heut für'n Tag, heut ist Montag, heut ist Knödltag ... heut ist Dienstag, heut ist Nudeltag ...*, und so weiter.

Hier dienen die Wochentage als Gerüst für eine deftige Speisekarte. Die sieben Tage sind also eines von vielen poetischen

Instrumenten, um eine Geschichte publikumswirksam zu erzählen. Die Dichter der Bibel machten sich dieses Instrument zu Nutzen, um die Menschen von der Pracht der göttlichen Schöpfung zu überzeugen.

Übersetzungen haben die Poesie der Bibel zerstört

Da über die Jahre immer weniger Menschen Hebräisch konnten, mussten die alten Bibeltexte übersetzt werden. Die erste Übersetzung war griechisch, die zweite lateinisch. Es folgten viele weitere Sprachen. Poesie so zu übersetzen, dass sie in ihrer ursprünglichen Pracht erhalten bleibt, ist schwer, manchmal sogar unmöglich. So kann es passieren, dass die schöne Sprachmelodie der Urversion verloren geht. Das Schöpfungslied ist der beste Beweis dafür. Der lyrische Text der Originalversion wirkt in den modernen Übersetzungen wie eine sachliche Abhandlung über die Entstehung der Welt. Nur kleine poetische Elemente, wie etwa der Refrain, sind erhalten geblieben. Es läge nun an der Fantasie des Lesers, die Schönheit der Schöpfung nachzuempfinden.

Der Samstag ist arbeitsfrei

Wer behauptet, die Welt wäre in sieben Tagen erschaffen worden, hat die Bibel sowieso nicht verstanden. Denn nur in den ersten sechs Strophen besingt der Dichter die Schöpfungsarbeit Gottes. Sechs Strophen ergeben folgerichtig sechs Tage. Die siebente Strophe preist den Shabbat, den freien Tag, an dem nichts erschaffen wird. Die Zählung der Tage führt geschickt zum Höhepunkt der Woche, dem freien Samstag. Das Beste an Gottes Schöpfung ist der arbeitsfreie Tag, meint der Dichter.

Der Sonntag ist demzufolge der erste Tag der Woche, auch wenn die meisten Kalender heute etwas anderes behaupten.

Wie tief die ursprüngliche Zählweise der Wochentage in unserer Kultur verankert ist, zeigen kleine Details. Da wäre zum Beispiel der Mittwoch. Der Name dieses Tages bedeutet nichts anderes als »Mitte der Woche«. Drei Tage – Sonntag, Montag, Dienstag – kommen vor dem Mittwoch. Drei Tage – Donnerstag, Freitag, Samstag – nach ihm. Der Mittwoch kann seinem Namen also nur gerecht werden, wenn der Samstag der siebte Tag der Woche ist.

In der jüdischen Kultur ist der Shabbat noch immer der wöchentliche Ruhetag. Nach sechs Tagen Arbeit haben sich die Menschen eine Pause verdient. Im Christentum gibt es den Shabbat in dieser Form nicht. Der Sonntag ist ein Fest der Auferstehung und erst über die Jahrhunderte ein arbeitsfreier Tag für alle geworden.

Poesie und Wissenschaft können friedlich zusammenleben

Das Missverständnis, dass die Hymne von der Schöpfung der Welt die Dauer des Schöpfungsprozesses für eine Woche ansetzt, störte so lange nicht, bis die wissenschaftliche Forschung einige Geheimnisse der Weltentwicklung lüftete.

Anstatt in der hebräischen Bibel nachzulesen und die poetische Liedform zur Kenntnis zu nehmen, reagierten fromme Gemüter mit Rückzugsgefechten, die bis heute andauern. Vor allem der protestantisch geprägte Fundamentalismus erweist sich als äußerst fantasievoll, wenn es darum geht, Unhaltbares als einzige Wahrheit darzustellen.

Die daraus entstandenen Debatten, wer nun Recht habe, die Bibel oder die Naturwissenschaften, sind Scheingefechte. Poesie und Naturwissenschaft betrachten die Welt aus verschiedenen Blickwinkeln. Sie stehen nicht in Konkurrenz zueinander, sondern sollten sich idealerweise auf eine wechselseitig befruchtende Koexistenz verständigen.

Auch beim Glockengießen gibt es verschiedene Perspektiven. Die poetische Sicht des Dichters Friedrich Schiller und die faktische Sicht der Handwerksexperten, die über die Verwendung von »Fichtenholz« nur den Kopf schütteln. So ein Feuer wäre für das Glockengießen nicht heiß genug. Aber darum geht es eben nicht.

Die Naturwissenschaft fragt danach, wie die Welt entstanden ist. Ihre Antworten kommen aus den Beobachtungen der Naturgesetze. Der Dichter des Schöpfungsliedes freut sich hingegen, dass die Welt so schön und vielfältig ist. Sein Hauptaugenmerk liegt auf dem freien Tag, der ihn einmal in der Woche von aller Arbeit entbindet. Ihm hat er dieses Lied gewidmet. Es gibt absolut kein Konfliktpotenzial.

ADAM UND EVA WAREN NICHT DIE ERSTEN MENSCHEN

Die Annahme, dass Adam der erste Mensch gewesen sein soll, beruht auf einem Missverständnis des hebräischen Wortes »Adam«. »Erde« heißt im Hebräischen »Adamah«. Das Wort »Adam« drückt also aus, dass der Mensch ein »Erdling« ist. Adam ist somit kein Name, sondern ein Hinweis darauf, dass dieses Wesen »Mensch« eng mit der Erde verbunden ist. Er ist weder ein Marsmännchen noch ein Mondkalb noch ein Vorfahre von Alf und E.T. Hier auf der Erde verläuft sein Leben, hier hat er seine Verantwortung, hier wird er sterben und hier wird er letztlich wieder zu Erde zerfallen. »Adam« umschreibt also die Einigkeit mit der Erde, auf der der Mensch lebt.

Somit ist »Adam« kein Eigenname für einen Mann, schon gar nicht für den ersten Mann, sondern bedeutet vielmehr »jeder Mensch«. Egal, ob Mann oder Frau.

Die Geschichte von der Erschaffung des Menschen erzählt auf poetische Weise, dass jeder Mensch ein Erdling ist. In einer Art Umkehrung der Verwesung formt Gott mit schmutzigen Fingernägeln und weichen Händen den Menschen aus Erde. Gott, der Schöpfer, erweist sich als Töpfer.

Da machte Gott, der Herr, den Menschen aus Erde vom Acker und blies ihm den Odem des Lebens in die Nase, erzählt die Bibel. Dass dies metaphorisch gemeint ist und die Bibel sehr wohl weiß, wo die Menschen herkommen, geht aus Psalm 139 hervor, der den Schöpfungsprozess des Menschen im Mutterleib preist: *Du, Gott, hast mich gebildet im Mutterleib,* steht dort. Ein Adam, ein Erdling, bleibt jeder Mensch natürlich trotzdem.

Adam verkörpert die Menschheit gegenüber der Tierwelt und der Natur. Er hat von Gott den Auftrag, die Welt, diesen wunderschönen Garten Gottes, zu bebauen und zu bewahren. Dazu zählen Aufgaben, wie allen Tieren einen Namen zu geben. Aber letztendlich ist auch das nur ein Bild dafür, dass die Menschheit in Gestalt von Adam die Natur in Besitz nehmen soll.

Für eine einzelne Person wäre das wohl eine kaum bewältigbare Aufgabe. Aber Adam ist eben keine einzelne Person, sondern repräsentiert die Menschheit.

Gott hat Eva nicht aus einer Rippe Adams erschaffen

Adam vereinigt beide Geschlechter in einem Wesen. Doch die Idee »Mensch« ist noch nicht ausgereift. Gott betrachtet sein Werk und findet, dass hier noch Verbesserung, Differenzierung und Vielfalt nötig sind. In einem zweiten »Arbeitsschritt« macht er aus dem Erdling zwei verschiedene Geschlechter. Eine Fehlübersetzung prägt bis heute die Vorstellung, dass Eva aus einer von Adams Rippen geformt wurde. Die hebräische Bibel beschreibt den Vorgang ganz anders. Hier teilt Gott den Adam, der für die ganze Menschheit steht, in der Mitte. Wie ein Töpfer, der das Material eines einzelnen Werkstückes wieder verwendet und daraus zwei neue Produkte entstehen lässt.

Der ursprüngliche Adam verschwindet mit der Teilung in zwei Hälften. Aus ihnen formt Gott Mann und Frau. Im Hebräischen heißen sie Isch und Isscha. Der Klang der Wörter lässt erkennen, dass die beiden zusammengehören. Mann und Frau, jeweils die halbe Menschheit, geschlechtlich differenziert, aber immer noch durch ihre Identität als »Erdling« vereint. Isch und Isscha sind aus demselben Material wie Adam, das erste Werkstück.

So wie Adam die Menschheit als Ganzes repräsentiert, repräsentieren Isch und Isscha nun die männliche und die weibliche Hälfte dieses Ganzen. Im weiteren Verlauf der Schöpfungsgeschichte bekommt die Frau den Beinamen »Lebensspenderin«, hebräisch »Chawa«. Aus dieser Funktionsbezeichnung wurde in Übersetzungen der Name Eva. Chawa ist somit, wie Adam, kein geschlechtsspezifischer Vorname, sondern eine Art Typisierung.

Kain und Abel waren nicht die Söhne des ersten Menschenpaares

Wer glaubt, dass »Adam und Eva« die beiden ersten Menschen waren, dem stellt die Bibel ein kniffliges Folgerätsel in Form der Geschichte von Kain und Abel. Kain ist ein Ackerbauer, Abel ein Schäfer. Gemäß der bildhaften Erzählweise der Bibel sind die beiden nicht Kinder des Menschenpaares Adam und Eva, sondern aus dem männlichen Prinzip Adam und dem weiblichen Prinzip Chawa hervorgegangen. Die beiden repräsentieren die zwei gängigen Berufsbilder und Lebensweisen der biblischen Zeit. Kain steht für die sesshaften Ackerbauern, Abel für die nomadisierenden Schafhirten. Zwischen diesen Gruppen gab es Rivalitäten um fruchtbares Land und Wasserstellen. Beides war rar und deshalb heiß umkämpft.

Entsprechend dieser historischen Gegebenheiten werden Kain und Abel als Gegenspieler dargestellt. Ihr Konflikt ist eine dichterische Darstellung der damaligen Lebensumstände.

Abels Herden gedeihen prächtig, während Kain nur mühsam den Boden bewirtschaftet. Eines Tages ermordet der Landwirt Kain den Schafhirten Abel in einer Aufwallung von Eifersucht und Neid.

Gott verbannt den Mörder Kain in ein fremdes Land. *So ging Kain hinweg ... und wohnte im Lande Nod, jenseits von Eden gegen Osten.* Dort nahm er sich eine Frau. Mit ihr zeugte er einen Sohn, erzählt die Bibel. Spätestens hier müssten aufmerksame Leser der Bibel hellhörig werden. Wenn »Adam und Eva« tatsächlich die ersten Menschen waren, gibt es nur zwei Möglichkeiten, die Existenz von Kains Ehefrau zu erklären. Entweder es handelt sich um eine nicht erwähnte Nachfahrin von Adam und Eva. Sie müsste über Umwege nach Nod gelangt sein. Dort treibt sie mit ihrem Bruder Kain Inzucht. Oder das hebräische Original stimmt. Auf jeden Fall sollte nun klar sein, warum im Religionsunterricht und in theologischen Diskursen so wenig über die Gattin des Kain gesprochen wird. Sie ist einer der vielen Schlüssel zu einer poetischen Bibelbetrachtung.

DIE SEELE STIRBT

Das erste Mal kam ich mit der sogenannten »Seele« als Volksschulkind in Berührung. Da zeigte mir mein Onkel Martin die Rückseite einer Hundert-Schilling-Note. Darauf war ein Bregenzerwaldhaus abgebildet. Urig, aus groben Holzbalken, mit kleinen Fenstern. Unter einem dieser Fenster befand sich eine winzige quadratische Öffnung.

»Das ist für die Seele der Toten. Wenn jemand in dem Haus stirbt, kann die Seele durch diese Öffnung entschlüpfen«, sagte der Onkel.

Da ich in einer ganz und gar unreligiösen Familie aufwuchs, war mir der Begriff »Seele« fremd. Ich hatte noch nie davon gehört und wusste wenig damit anzufangen. Mein Gefühl sagte mir jedoch, dass ich keine Seele hätte und auch keine brauchte. Bis dahin war mir jedenfalls nichts abgegangen.

So ist es geblieben. Ich habe keine Seele und ich brauche sie auch nicht. Die Geschichten, die mir die Erwachsenen nach und nach über die Seele und ihre Funktionen erzählten, bestärkten mich in dieser Haltung.

Die Seele des Menschen sei das Wichtigste, hieß es. Wichtiger als der Geist. Und viel wichtiger als der Körper. Ja, der Körper agiere sogar als eine Art feindlicher Gegenspieler der Seele, der ständig danach trachte, diese zu beschmutzen. Er wolle die Seele, die nach oben strebt, herunterziehen in die hässlichen Gefilde der Leiblichkeit. Erst später verstand ich, dass damit die lustvollen Wiesen der Sexualität gemeint waren.

Während der Körper von den Würmern gefressen werde, hieß es, sei die Seele unsterblich. Das wäre ihr größtes Glück, aber auch ihre größte Bürde. Denn, wenn sie rein und weiß sei am Tag des Todes, dürfe sie in den Himmel aufsteigen, leicht wie eine Feder. Sei sie hingegen schwarz oder befleckt, dann komme sie in die Hölle, im besten Fall ins Fegefeuer, wo sie einer intensiven Reinigung unterzogen werde. Danach stünde ihr der Himmel offen.

In der Schule lernte ich dann im Religionsunterricht das Glaubensbekenntnis. Damals sprachen die Gottesdienstbesucher in den evangelischen und katholischen Kirchen: *Ich glaube an ... die ... Auferstehung des Fleisches.*

Heute heißt es weit weniger drastisch: *Ich glaube an die Auferstehung der Toten.*

Na also, dachte ich damals als Kind, nicht die Seele, sondern der Körper wird auferstehen. Das gefiel mir viel besser.

Denn ein ewiges Leben ohne Körper konnte ich mir noch viel weniger vorstellen als »die Auferstehung des Fleisches«. Ich hatte ja noch keine Vorstellung von der Vergänglichkeit des menschlichen Leibes.

Die Seele ist eigentlich ein Körperorgan

Im Theologiestudium hatte ich dann ein umwerfendes Aha-Erlebnis. Ich lernte die biblische Vorstellung vom Menschen über die Originalsprachen Hebräisch und Griechisch kennen. In der Geschichte von der Schöpfung des Menschen steht wörtlich: *Da machte Gott, der Herr, den Menschen, Staub von der Erde, und blies in seine Nasenlöcher den Atem des Lebens. Und so wurde der Mensch eine lebendige Kehle.*

Das hebräische Wort »Näfäsch«, das in den diversen Übersetzungen mit »Seele« wiedergegeben wird, ist also in Wahrheit ein Organ des Körpers, nämlich die Kehle.

Wer sich selber spürt, weiß, dass die Kehle eine Vielzahl von Empfindungen hat. Angst und Trauer schnüren sie zu. Durst lässt sie brennen. Die Kehle schlingt gierig in sich hinein und manchmal würgt sie alles wieder heraus. Sie schnappt nach Luft, krächzt, schreit, jodelt, jubiliert, lacht. Was in den Menschen hineingeht und was aus ihm herauskommt – Luft, Wasser, Nahrung, Töne, Sprache – muss durch die Kehle hindurch.

Wir lechzen nach Leben und tun das mithilfe der »Näfäsch«. Wird diese zu fest zugedrückt, entweicht das Leben. Die Kehle oder

Seele ist dann ein Teil des Körpers, der genauso wenig überlebt wie Augen, Füße oder Blinddarm.

Die Seele wurde von der griechischen Philosophie vom Körper getrennt

Der gnostischen Philosophie, der Esoterik des Altertums in nachbiblischer Zeit, verdanken wir die Entleiblichung der Seele. Die Gnostiker deuteten die Leiblichkeit des Menschen als Bosheitsakt eines bösen Gegenspielers gegenüber dem guten Schöpfungsgott. Dabei übersahen sie ein paar wesentliche Aussagen der Bibel. Zum Beispiel, dass Gott alles Materielle erschaffen hat. Die Erde, Bäume, Blumen, Sonne, Mond, Sterne und auch den Körper des Menschen. Die Gnostiker behaupteten, der gute Schöpfergott hätte mit der nun als böse angesehenen Materie nichts zu schaffen. Eine finstere Macht habe die Materie kreiert und damit dem guten Gott seine rein geistige Schöpfung verdorben. Demzufolge sei die Seele in ein Gefängnis, den Körper, verbannt worden. Die Idee der unsterblichen Seele im Kerker der Materie war geboren.

Die Seele sei das einzige Wertvolle am Menschen, meinten die Esoteriker der Antike. Niemand konnte jedoch sagen, wo genau diese ominöse Seele eigentlich wohnte. Jahrhundertelang folgten Medizin und Humanwissenschaften dem seelendominierten Menschenbild. Die angeblich unsterbliche Seele hatte immer Vorrang vor dem sterblichen und vor allem sündigen Leib. Der Körper war Sitz der Begierden und damit suspekt. Er musste essen, trinken und schlafen, wollte sich sexuell betätigen und mit Kleidung schmücken. Das alles wurde als eine Gefahr für die reine Seele angesehen.

Der Mensch hat nicht nur einen Körper. Er ist Körper.

Bis heute hat sich die Vorstellung vom Menschen und seinem Körper nicht ganz von dieser Verunglimpfung erholt. Immer noch wirkt die Vorstellung nach, dass der Mensch eigentlich aus zwei Teilen bestünde, also aus einem vergänglichen Körper und einer unsterblichen Seele. Aber nirgends in der Bibel steht, dass Gott dem Menschen eine unsterbliche Seele gegeben hat. Die Bibel weiß: Wer stirbt, ist tot. Mausetot. Nichts überlebt. Dieses Los teilt der Mensch mit den Tieren. Denn so wie die Tiere haben wir nicht nur einen Körper. Wir sind Körper. Er ist der Sitz von Empfindungen, die in der Regel der sogenannten Seele zugeschrieben werden. Wer Angst hat, dem schlottern die Knie. Trauernden tut das Herz weh. Gereizten stellen sich die Haare auf. Erzürnte schnauben vor Wut, was schon wieder ein Hinweis auf die Kehle beziehungsweise Seele ist.

In jüngerer Vergangenheit dachte zumindest die medizinische Wissenschaft um. Das Bild des Menschen hat sich wieder dem tatsächlichen biblischen Bild – du bist Körper – angenähert.

Der Glaube an die unsterbliche Seele hat auch schlimme Folgen

Die Aufspaltung des Menschen in einen negativ besetzten Körper und eine möglichst rein zu haltende Seele hatte fatale Konsequenzen, von der Kindererziehung bis hin zum Strafrecht. Hexen wurden verbrannt, um ihre Seelen zu reinigen und sie vor der ewigen Hölle zu bewahren. Kinder wurden misshandelt, um den bösen Körper davon abzuhalten, die zarte Seele zu beschmutzen. Die Annahme einer unsterblichen Seele trug in der Vergangenheit wenig zur Vertiefung der humanistischen Gesinnung bei. Dennoch hatte die Vorstellung von der unsterblichen Seele eine erstaunliche Karriere gemacht. Dafür gibt es zwei Erklärungsmodelle.

Zum einen ist das Wort »Seele« vor allem im deutschen Sprachraum zu Hause. Die englische Bibel übersetzt den Ursprungsbegriff »Näfäsch« mit »living person«. Hier spiegeln sich die unterschiedlichen philosophischen Strömungen im deutschen und englischen Sprachraum wider. Die Seele als rein geistige Größe kam dem deutschen Idealismus entgegen, während die »living person« eher dem Empirismus, also der Suche nach belegbaren Erfahrungen, entsprach. Auch Bibelübersetzungen sind also vom jeweiligen Zeitgeist beeinflusst.

Zum anderen ist der Seelenkult ein wenig überzeugender Versuch, den Gedanken der eigenen Sterblichkeit wegzuschieben und sich an der Wirklichkeit des Alterns vorbeizuschummeln. Denn die Seele ist zeitlos. Sie bekommt keine grauen Haare.

Die Kehle hingegen unterliegt dem Prozess des Alterns. Alternde Sängerinnen und Sänger können im wahrsten Sinne des Wortes ein Lied davon singen.

HEILIGE SIND GANZ NORMALE MENSCHEN

Am 21. März ist der Gedenktag des Heiligen Niklaus von Flüe. Laut ökumenischem Heiligenkalender gedenkt die römisch-katholische Kirche an genau diesem Tag 31 weiterer Heiliger. An zweiter Stelle liegen die orthodoxen Kirchen mit fünfzehn Namen. Die armenische, die koptische und die evangelische Kirche nennen zwei. Das Schlusslicht bildet die anglikanische Kirche mit einem einzigen Heiligen an diesem stark frequentierten Datum.

Diese 53 Leute sind nach Meinung ihrer jeweiligen Kirche in religiöser und ethischer Hinsicht Vorbilder. Manche Kirchen gehen noch weiter. Sie sagen, dass die Heiligen Gott ganz besonders nahe stehen. Die Gläubigen können sie anrufen, als Nothelfer, Schutzpatrone und Fürsprecher.

Diese Vorstellung von einem »heiligen« Leben ist für mich immer etwas eindimensional. Eine einzelne Person steht mit ihren Handlungen im Mittelpunkt. Es geht fast immer um persönliche Frömmigkeit, um Widerstand gegen heidnische Herrscher, um individuelle Reinheit und Makellosigkeit in der persönlichen Lebensführung. Welche Auswirkungen die fromme Lebensführung der Heiligen auf ihre Zeitgenossen hatte, ob diese Menschen aus Fleisch und Blut immer nur wohltuend oder manchmal sogar äußerst schwierig für ihre Umgebung waren, spielt dabei so gut wie keine Rolle.

Ich bin keine Freundin der idealisierenden Heiligenmystifizierung. Warum, möchte ich anhand des Heiligen Benedikts erklären. Benedikt legte in seiner Ordensregel fest, dass Mönche für einen Fehler bei der Schriftlesung zu bestrafen seien. Wenn Knaben, also Kinder, sich im Gottesdienst verlasen, bekamen sie dafür Schläge. Die Ehrfurcht vor der Heiligen Schrift hat Benedikt wohl zu dieser Maßnahme bewogen. Die Auswirkung auf diejenigen, die aus der Bibel vorlasen, bedachte der Ordensgründer eher nicht.

Die Kirche machte auch merkwürdige Typen zu Heiligen

Anfangs sprach ich von Niklaus von Flüe. Sowohl die evangelische als auch die römisch-katholische Kirche statten diesen Mann mit dem Prädikat »heilig« aus. Für mich ist er ein eigenartiger Heiliger.

Im 15. Jahrhundert lebte er als Einsiedler in der Schweiz. Um ein gottgefälliges Leben zu führen, verließ er seine Frau und seine zehn Kinder. Das jüngste Kind war zu diesem Zeitpunkt gerade ein Jahr alt. Die Leute pilgerten zu ihm, um sich Rat und Hilfe zu holen. Ein wunderbarer Seelsorger soll er gewesen sein, erzählt die Legende. Die nötigen Erfahrungen für seine guten Ratschläge hatte er mit seiner Familie gesammelt, die er meinte, verlassen zu müssen. Welche Last er damit seiner Frau aufbürdete, was das für seine Kinder bedeutete, all das interessiert niemanden. Wikipedia liefert sogar eine beschwichtigende Beschönigung. Seine Frau, heißt es dort, wäre mit seinem Auszug aus der Familie und der Übersiedlung in die Einsiedelei einverstanden gewesen. Ich denke, dass ihr nichts anderes übrig geblieben ist. Wenn ein Mann seine Frau wegen einer anderen oder wegen der Karriere oder wegen des Glaubens verlassen will, kann sie ihn wohl nicht aufhalten. Im Zuge des Verfahrens zur Heiligsprechung wurde Niklaus von Flües harter Entscheidung wenig Bedeutung beigemessen. Der Familien- und Beziehungsflüchtling erhielt von der Kirche, die so sehr auf die Familie achtet, das Gütesiegel »Heiliger«.

Alle bedeutenden biblischen Gestalten haben dunkle Flecken in ihrer Lebensgeschichte

Die Bibel spricht davon, dass Gott heilig ist. Mit diesem Wort beschreibt sie, dass Gott der ganz andere ist. Gott ist nicht unter menschliche Kategorien einzuordnen. Im Gegensatz zu den Kalendern der christlichen Konfessionen kennt die Bibel keine Heiligen, die ethisch und religiös ausschließlich unzweifelhaft und vorbildlich gehandelt haben. Auch die Institution des allzeit reinen Schutzpatrons ohne Fehler und Schwächen ist der Bibel fremd. Im Gegenteil, die Bibel pflegt sogar eine sehr realistische Sicht der Dinge. So wie jeder »Normalsterbliche« hatten auch die bedeutenden biblischen Gestalten kein makelloses Leben. Es ist sogar so, dass die Bibel zur positiven Geschichte jedes großen Helden des Glaubens genussvoll und gezielt ein großes »Aber« hinzufügt. Gerade die Fehltritte bekommen viel Aufmerksamkeit. Die biblischen Erzähler haben es stets vermieden, irgendeinen Menschen allzu untadelig darzustellen. Ihre Geschichten widmen sich dem authentischen Leben. Dort gibt es neben weiß und schwarz auch viele Schattierungen. Dementsprechend vielfältig sind die Beispiele für ziemlich »böse« Heilige. Der weise König Salomon errichtete mit hohem Kostenaufwand und viel Liebe den Tempel für Gott Jahwe. Nebenbei betrieb er Götzendienst. Der große König David erreichte mit seiner klugen und umsichtigen Politik einen noch nie da gewesenen Frieden für das Land. Ein Mörder und Ehebrecher war er dennoch. Abraham, eigentlich ein unumstrittener Glaubensheld, plagten immer wieder heftige Zweifel, die ihn zu durchaus fragwürdigen Handlungen veranlassten. Die Jünger Jesu stritten und konkurrierten. Der Apostel Paulus beschrieb sich selbst als Schiffbrüchigen und Versager. Hinter diesen Darstellungen steckt die Einsicht der Bibelautoren, dass Menschen immer Menschen bleiben und auch der Glaube an Gott nicht vor Fehlern und Schuld bewahrt.

Judas hatte eine soziale Ader

Weil nach Meinung der Bibel niemand nur gut ist, ist auch keiner nur böse. Schon sehr früh lernte ich im Religionsunterricht, dass Judas ein durch und durch schlechter Kerl gewesen ist. Er hat den lieben Jesus verraten. Das macht ihn zum ultimativen Bösewicht. Aber die Bibel erzählt von ihm auch noch anderes, wesentlich Positiveres. Judas verwaltete die Armenkasse. Er war unter den Jüngern Jesu derjenige mit der diakonisch-sozialen Neigung. Diese

Seite des Judas verschweigen die Verfasser der Bibel keineswegs, das tun all jene, die sie nur einseitig und selektiv nacherzählen.

Das Schicksal des Judas ist kein Einzelfall. Vom angeblich ungläubigen Thomas erzählt die Bibel, dass er als einziger Freund Jesu bereit war, mit ihm zu sterben. Als es gefährlich wurde, leugnete der angeblich untadelige Petrus, Jesus überhaupt zu kennen. Die anderen Jünger machten sich aus dem Staub. Thomas ist auch derjenige, der sich beim Gespräch mit Jesus nicht klüger und gläubiger darstellt, als er ist. Als Jesus sagt, *ihr wisst, wo ich hingehe,* tun die anderen Jünger so, als würden sie verstehen. Nur Thomas gibt zu: *Herr, wir wissen nicht, wo du hingehst; wie können wir den Weg wissen?* Den »ungläubigen« Thomas stellt die Bibel insgesamt sehr sympathisch dar. Ich würde sogar behaupten, dass Thomas auch wesentlich sympathischer erscheint als Petrus. Doch die selektive Wahrnehmung, das wiederholte Erzählen eines kleinen Ausschnitts, hat das Bild dieses Jüngers einseitig geprägt. Die Geschichte, mit der sich Thomas den Nimbus des »Ungläubigen« zugezogen hat, handelt von verständlicher Skepsis. Die Mitjünger erzählten Thomas, dass ihnen Jesus, der Gekreuzigte, lebendig begegnet sei. *Das kann ich erst glauben, wenn ich es selber sehe und meine Hände in seine Wunden lege,* erwiderte Thomas. Für mich ist das eine ganz normale und eigentlich auch sympathische Reaktion. Nach einer Begegnung mit Jesus findet er zu dem Bekenntnis *mein Herr und mein Gott.* Thomas ist für mich ein aufrichtiger Charakter, der auch beim Glauben erst einmal prüft, kritisch hinterfragt und sich nicht mit fadenscheinigen Geschichten zufriedengibt. Er will eigene Erfahrungen machen, statt fremde Meinungen unreflektiert zu übernehmen. Und so einer soll »ungläubig« sein?

Heilige treten in Gruppen auf

Die Bibel bezeichnet keinen einzelnen Menschen als Heiligen. Sie nennt aber ganze Gruppen heilig. Die Heiligen treten in der Bibel also rudelweise auf.

Im fünften Buch Mose lässt Gott seinem Volk ausrichten: *Du bist ein heiliges Volk dem Herrn, deinem Gott.*

In diesem heiligen Volk gab es auch Räuber und Diebe. Mörder und Verräter. Dennoch ist es für Gott heilig. Hier wird deutlich, »heilig« beschreibt Menschen, die in einer Beziehung zu Gott und zu Menschen stehen. Ob sie moralisch einwandfrei leben und ethisch vorbildlich handeln, ist in diesem Zusammenhang nebensächlich. Es ist die Beziehung Gottes zu seinem Volk, das es heiligt, und nicht die besonders fromme Lebensführung. Aus genau dieser Beziehung, die mit Heiligkeit gleichzusetzen ist, entstehen dann auch die unzähligen Konflikte zwischen Gott und Israel. Heiligkeit und Konflikt sind nach biblischem Verständnis so etwas wie siamesische Zwillinge.

Als Beziehungsaussage und nicht als moralische Klassifizierung versteht es auch der Apostel Paulus, wenn er seine Briefe *an alle … Heiligen* adressiert. Damit spricht er sämtliche Mitglieder der jeweiligen christlichen Gemeinde an, der er seinen Brief schreibt. Sie alle sind getauft und stehen dadurch in einer besonderen Beziehung zu Jesus und zueinander.

Sein berühmtestes und längstes Schreiben richtet Paulus an *alle Heiligen in der christlichen Gemeinde in Rom.* Ob die weit entfernten Mitglieder der römischen Christengemeinde so lebten und handelten, wie es die spätere Tradition von Heiligen erwartete, konnte Paulus gar nicht wissen. Er kannte die Leute dort noch nicht persönlich, als er ihnen den sogenannten Römerbrief schrieb. Heilige sind sie für ihn deshalb, weil sie zur Gemeinde Jesu und somit zu Jesus selbst in Beziehung stehen.

Heilige können auch widerliche Typen sein

Als Paulus an die »Heiligen in Korinth« schrieb, wusste er jedoch sehr wohl, dass in der dortigen christlichen Gemeinde auch schwierige und ihm gegenüber feindselige Leute zugegen waren. Leute, die seine Autorität untergruben. Leute, die ihn mit Lügen verleumdeten. Leute, die ihm bei jeder Gelegenheit schadeten. Dennoch spricht er zu Beginn seiner beiden Korintherbriefe alle in der Gemeinde als Heilige an. Seine Definition von Heiligsein galt auch für die ihm unliebsamen Zeitgenossen.

Die Getauften als Heilige wahrzunehmen hat Paulus aber nicht daran gehindert, gegen den einen oder anderen ausfällig zu werden.

Auch gesellschaftliche Außenseiter sind nach biblischem Verständnis Heilige

Wenn die Bibel Menschen als Heilige bezeichnet, meint sie also ganz gewöhnliche Leute. Das, was sie von den anderen in ihrer Umgebung unterscheidet, ist ausschließlich die Zugehörigkeit zu einer spezifischen Gemeinschaft. Im Alten Testament war es die Zugehörigkeit zum Volk Israel. Im Neuen Testament die, durch Taufe besiegelte, Zugehörigkeit zu einer christlichen Gemeinde. Das Wasser der Taufe hinterlässt aber keine Spuren. Diese Heiligkeit ist unsichtbar und entzieht sich der moralischen Beurteilung.

Ich besuche regelmäßig einen jungen Mann im Gefängnis. Er ist katholisch getauft. Ein Priester hat auf seine Stirn Wasser gegossen, das in der Osternacht »geweiht« wurde. Zwanzig Jahre Haft hat er bekommen. Der Prozess gegen ihn machte Schlagzeilen.

Eine andere Klientin von mir sitzt ebenfalls im Gefängnis. Sie ist orthodoxe Christin. Bei ihrer Taufe hat sie der Priester, wie es bei den Orthodoxen üblich ist, im großen Taufbecken untergetaucht. Auch über ihre Geschichte berichteten die Zeitungen ausführlich. Sie wird ihre Strafe in der Frauenhaftanstalt Schwarzau absitzen.

Dann besuche ich noch einen älteren Herrn im Gefängnis. Er ist evangelisch. Seine Delikte haben keinen Nachrichtenwert. Es sind stets kleine Betrügereien, die ihn vor Gericht bringen.

Wenn Gerichtsreporter über solche Prozesse berichten, nennen sie diese Leute Verbrecher. Heilig sind sie trotzdem. Das sage nicht ich. Das sagt die Bibel. Auch wenn sie in mehr oder weniger schwerwiegender Weise das Gesetz gebrochen haben, bleibt dieser Status aufrecht. Denn sie sind getauft.

Die Kirche als »Gemeinschaft der Heiligen« ist eine gemischte Gesellschaft

Das Bild einer Kirche, in der alle einander zugetan sind, wo es keine Konflikte gibt und wo Recht und Gesetz immer geachtet werden, ist ein Traum. Eine Utopie. Ein Märchen. Es ist sicher kein Zufall, dass die Christen des 4. Jahrhunderts die »Gemeinschaft der Heiligen«, also die Gemeinschaft aller Getauften, in ihr Glaubensbekenntnis aufgenommen haben. Bis heute sprechen es die Menschen sonntäglich in den Gottesdiensten aller Konfessionen.

»Die Gemeinschaft der Gläubigen« ist zuweilen so unsichtbar wie Gott selbst. Sie ist manchmal so schwer zu glauben, wie die Auferstehung der Toten.

Die Kirche ist eine gemischte Gesellschaft aus gutwilligen und vorbildhaften, aber auch aus böswilligen und unsympathischen Menschen. Das war schon immer so und wird wohl auch immer so bleiben. Deshalb wurde die Auslegung der Bibel im Laufe der Jahrhunderte immer moralisierender. Akteure waren gut oder böse, die Wiedergabe von biblischen Geschichten ähnelte immer mehr Schwarz-Weiß-Malerei. Erzählungen, die nicht in dieses Gut-Böse-Schema passten, verschwiegen die Moralapostel solange, bis sich keiner mehr daran erinnern konnte.

Die Suche nach makellosen Vorbildern setzt eine sehr selektive Wahrnehmung voraus.

Noch ein Tipp zum Abschluss. Frauen, die Sorge haben, der Mann könnte die Familie verlassen, sollten Niklaus von Flüe lieber nicht als Nothelfer anrufen. Für dieses Anliegen hat er wohl wenig Verständnis. Ein Heiliger ist er dennoch. Denn er war getauft. Das ist aber auch schon der einzige Grund, warum für mich diese Bezeichnung auf ihn zutrifft.

BLUTWURST ESSEN IST VERBOTEN

Während meiner Schulzeit machte mir meine Mutter jeden Morgen ein Schulbrot. Manchmal belegte sie es mit Käse. Manchmal mit Wurst. Manchmal lag auch ein kleines Schnitzel zwischen den Brotscheiben. An einem Mittwoch in der zweiten Klasse des Gymnasiums trug ich so eine wunderbare Schnitzeljause in meiner Schultasche. Am Abend davor hatten wir Gäste gehabt. Zum Glück hatten sie nicht alles aufgegessen, deshalb blieb ein Rest für mein Jausenbrot übrig.

In der Zehn-Uhr-Pause holte ich mein Schnitzelbrot aus dem Rucksack und biss mit Genuss hinein. Das Schnitzel war größer als die Brotscheiben. Sofort umringten mich meine Klassenkolleginnen und protestierten. »Wieso isst du heute Fleisch?«, fragten sie.

»Wieso nicht?«, fragte ich verdutzt zurück.

»Heute ist Aschermittwoch. Das ist ein strenger Fasttag. Niemand darf heute Fleisch essen«, lautete die belehrende Antwort.

Als einziges evangelisches Kind meiner Schulklasse konnte ich mich nun zwischen zwei Möglichkeiten entscheiden. Ich konnte entweder die angebissene Köstlichkeit wieder einpacken und an diesem Schulvormittag hungern oder ich konnte den Protest meiner Mitschülerinnen ignorieren und weiteressen. Ich entschied mich für das Essen, denn ich fand, dass dieser Fasttag rein gar nichts mit mir zu tun hatte.

Kopfschüttelnd ließen die Mädchen von mir ab und notierten wohl im Geiste, dass ich eine unverbesserliche Ketzerin sei.

Essen ist in der Bibel ein bedeutendes Thema

In der Bibel hat Essen große Bedeutung. Täglich satt zu werden, empfanden die Menschen in biblischer Zeit als Gnade. Sie wussten, dass es von einem Tag zum anderen vorbei sein konnte mit der Nahrungsmittelversorgung. Wilde Tiere griffen die Herden an,

Seuchen dezimierten den Bestand und anhaltende Trockenheit gefährdete die Futtermittel. Unwetter vernichteten immer wieder die Ernte einer ganzen Saison und sorgten für Getreideknappheit. Nicht umsonst legt Jesus seinen Jüngern im Vaterunser die Bitte um das tägliche Brot in den Mund.

Das Alte Testament erzählt, wie sich die Ernährungsgewohnheiten der Menschen nach und nach wandelten. Nach dem Schöpfungshymnus und der Erzählung vom Garten Eden ernährten sie sich ausschließlich vegetarisch, von den Früchten und Samen der Bäume. Im neunten Kapitel des ersten Buchs Mose, am Ende der Geschichte von Noah, ändert sich das Essverhalten drastisch.

Gott segnete Noah und seine Söhne und sprach: Seid fruchtbar und mehret euch und füllet die Erde. Furcht und Schrecken vor euch sei über allen Tieren auf Erden ... Alles, was sich regt und lebt, das sei eure Speise, wie das grüne Kraut habe ich's euch alles gegeben.

Der Mensch ist ab nun ein Allesfresser. Sowohl Fleisch als auch Gemüse stehen auf der Speisekarte. Uneingeschränkt bedient er sich im Feinkostladen der Schöpfung, erzählt dieser Abschnitt der Bibel. Gott steht voll und ganz hinter dieser kulinarischen Lebensweise.

Juden essen keine Blutwurst, Zeugen Jehovas verweigern Bluttransfusionen

Eine einzige Speiseregel nennt diese frühe Stelle des Alten Testaments: *Esst das Fleisch nicht mit seinem Blut, in dem sein Leben ist.*

Immer wieder schärft die Bibel den Menschen ein: »Du darfst kein Blut essen.« Im Blut ist nämlich das Leben und das Leben gehört Gott.

In jüdischen Haushalten brutzelt deshalb keine Blutwurst in der Pfanne. Das Steak ist durchgebraten. Bleibt es medium oder rare, gilt es als ungenießbar. Damit das Fleisch auch wirklich keinen Tropfen Blut enthält, schächtet der jüdische Fleischhauer das Schlachttier. Die Hausfrau wässert das Fleisch zudem vor der

Zubereitung. Auch im Islam muss das Fleisch ausbluten, um als genießbar zu gelten.

Das Schächten der Tiere bei der Schlachtung nennen selbst ernannte Tierschützer eine Tierquälerei. Untersuchungen mehrerer veterinärmedizinischer Fakultäten im deutschen Sprachraum halten hier dagegen. Das Tier verliert schnell das Bewusstsein und leidet keine Qualen. Vorausgesetzt der Schlachtbeauftragte der jüdischen beziehungsweise islamischen Religionsgemeinschaft versteht sein Handwerk. Dasselbe gilt aber auch für den christlichen Fleischer, der den Schlachtschussapparat verwendet.

Ich habe den Eindruck, dass die Ablehnung des Schächtens eng mit der Ablehnung des jüdischen oder des muslimischen Glaubens verbunden ist.

Die Zeugen Jehovas interpretieren das Verbot, sich Blut einzuverleiben, auf eine sehr spezielle Art und Weise. Sie lehnen Bluttransfusionen mit der Begründung ab, dass in der Bibel das Aufnehmen fremden Blutes verboten ist.

Diese Sicht der biblischen Vorschrift teilt weder das Judentum noch der Islam. Bluttransfusionen sind hier erlaubt. Es geht ausschließlich um den Genuss von Blut als Nahrungsmittel. Die heidnischen Völker rund um Israel tranken das Blut von Opfertieren im Glauben, dass die Lebenskraft des toten Opfertieres auf sie übergehen würde. Diese Lebenskraft gehört aber Gott. Nur er gibt sie, nur er nimmt sie. Der Mensch soll nicht darüber verfügen, sagt das Alte Testament.

Ob die Zeugen Jehovas ihr Steak medium oder rare zu sich nehmen, weiß ich nicht. Dass aktive Angehörige beim Heurigen Blutwurst essen, habe ich selber gesehen. Meines Wissens nach kaufen sie auch nicht nur ausgeblutetes Fleisch bei rituellen Fleischhauern jüdischer oder muslimischer Herkunft.

Die Vorstellung, dass Blut und Leben als ein und dasselbe gesehen werden, führte mir ein Krankenbesuch vor Augen. Ein alter Herr lag im Sterben. Er hatte keine spezielle Krankheit. Sein geschwächter Körper baute täglich ein wenig mehr ab. Sein Kopf war klar wie eh und je. »Frau Pfarrer, das Problem ist das Blut. Ich habe schlechtes Blut. Es wird täglich schlechter. Sonst fehlt mir gar nichts«, sagte der Mann bei meinem Besuch. Das Blut des Mannes war medizinisch und chemisch vollkommen in Ordnung. Verschlüsselt teilte er mir bei meinem letzten Besuch mit, dass er nun sterben würde. Sein Blut, also sein Leben, werde täglich schlechter und damit schwächer. Gegenüber den aufgeregten Angehörigen zeigte er einen gespielten Optimismus, um sie nicht zu beunruhigen. Dieser Mann war kein Bibelleser und kannte die biblische Vorstellung zu diesem Thema nicht. Dennoch drückte er das, was er nicht im Klartext sagen wollte, auf biblische Weise aus.

In der Bibel finden sich erste Ansätze von Tierschutz

Der biblische Mensch aß Fleisch, wenn er ein Fest feierte. Die alltägliche Nahrung war eher vegetarisch. Der Vater des »verlorenen« Sohnes lässt sogleich ein gemästetes Kalb schlachten, um dessen Heimkehr zu feiern. Der biblische Mensch war sich aber bewusst, dass er den Schlachttieren Leid zufügte. Das Bestreben, dieses Leid so gering wie möglich zu halten, führte zu folgender Bestimmung:
Du sollst das Böcklein nicht kochen in seiner Mutter Milch.
Der Mensch in biblischer Zeit empfand es als zynisch, das Kind eines Schafes oder einer Ziege in der Milch der eigenen Mutter zu garen. Deshalb stehen in jüdischen Haushalten mit koscherer Küche zwei Kühlschränke. Einer dient der Aufbewahrung von Fleisch. Der andere dem Frischhalten von »milchigen« Speisen. Es gibt zwei gut unterscheidbare Garnituren Essbesteck. Eines für die fleischigen, eines für die milchigen Speisen. Es gibt zwei Arten von Tellern, Töpfen, Pfannen und zwei Arten von Schwamm- und Geschirrtüchern, um diese zu reinigen. Selbstverständlich kocht eine jüdische Hausfrau auch kein Cordon bleu. Fleisch und Käse passen nicht zusammen. Entweder gibt es ein fleischiges oder ein milchiges Gericht.

Der Hase ist ein Wiederkäuer

Mit der Zeit kamen zu dem einen Speisegebot, kein Blut zu verzehren, unzählige weitere hinzu. Listen von sogenannten reinen, also genießbaren und unreinen, also zu meidenden Tieren stehen im dritten und im fünften Buch Mose. Alles, was gespaltene Klauen hat und wiederkäut, gilt als genießbar. Wiederkäuende Tiere ohne gespaltene Klauen sind ungenießbar, sagen die biblischen Speisegesetze. Darunter fällt auch der Hase, *denn er ist auch ein Wiederkäuer, hat aber keine durchgespaltenen Klauen,* begründet das dritte Buch Mose das Verbot, gespickten Hasenrücken auf die Speisekarte zu setzen. Biologen werden jetzt laut auflachen. Der Hase ist nämlich gar kein Wiederkäuer. Hier haben sich die biblischen Menschen getäuscht. Das Mümmeln des Hasen interpretierten sie fälschlicherweise als Wiederkäuen. Die Bibel kann also durchaus irren, wenn es um biologische Details geht. Da naturwissenschaftliche Fakten im biblischen Kontext ohnehin nebensächlich sind, gilt die Liste von möglichen und unmöglichen Speisen im Judentum immer noch. Obwohl heute auch jedes jüdische Kind weiß, dass der Hase kein Wiederkäuer ist.

Das Schwein kam auf die Liste der ungenießbaren, also unreinen Tiere, obwohl es kein Wiederkäuer ist. Juden und Muslime essen kein Schweinefleisch, weil es die Schriften des Alten Testaments verbieten. Die Wurzel dieses Verbotes liegt nicht in irgendwelchen Hygienevorschriften. Wer meint, dass hier die leichte Verderblichkeit von Schweinefleisch oder der mögliche Trichinenbefall der Grund sei, irrt. Fische sind zum Beispiel viel leichter verderblich und stehen auf der Liste der genießbaren Tiere. Der Verzehr von Schweinen ist deshalb unerwünscht, weil in der Zeit, als diese Speiseregel formuliert wurde, die angrenzenden Völker bei ihren Opferfesten Schweinefleisch aßen. Das Verbot, Schweinefleisch zu essen, soll eine Vermischung der religiösen Bräuche abwehren.

Jesus wusch sich vor dem Essen nicht die Hände

Die maßgeblichen Gestalten des Neuen Testamentes, Jesus und Paulus, gehen sehr entspannt, beinahe sorglos, mit den Reinheits- und Speisegeboten ihrer Religion, dem Judentum, um. Den Gegnern Jesu fiel auf, dass seine Jünger mit ungewaschenen Händen ihr Brot aßen, erzählt Matthäus. Die Pharisäer hefteten sich hingegen auf die Fahnen, dass sie nur mit gewaschenen Händen speisten. So konnten sie sicher sein, dass sie ihre Nahrung mit kultisch reinen Fingern zu sich nahmen. Auf den Vorwurf der Frommen antwortete Jesus: *Merkt ihr nicht, dass alles, was zum Mund hineingeht, das geht in den Bauch und wird danach in die Grube ausgeleert? Was aber aus dem Mund herauskommt, macht den Menschen unrein. Denn aus dem Herzen kommen böse Gedanken, Mord, Ehebruch, Unzucht, Diebstahl, falsches Zeugnis, Lästerung. Das sind die Dinge, die den Menschen unrein machen. Aber mit ungewaschenen Händen essen, macht den Menschen nicht unrein.*

Hier stellt Jesus alle Speisegebote infrage und sagt, dass böse Worte weitaus schlimmer sind als das Übertreten von Speisegeboten. Auch Paulus misst den Speisegeboten, die er als Angehöriger der Pharisäer-Klasse selbst jahrelang eingehalten hatte, wenig Bedeutung bei. Er erachtet sie sogar als hinderlich, weil sie von dem Eigentlichen, nämlich dem Glauben an Jesus, ablenken.

In der Gemeinde in Korinth kam es in der Mitte des ersten christlichen Jahrhunderts zu einem heftigen Streit. Zwei Parteien standen einander gegenüber. Die eine Gruppe meinte, Christen sollten auf dem Markt kein Fleisch kaufen, das bei heidnischen Opferfesten rituell geschlachtet worden war. Die andere Gruppe hielt dagegen, dass sie mit dem heidnischen Opfer nichts zu tun hätte und daher dieses Fleisch auch essen dürfe. Paulus spricht in diesem Zusammenhang von den Starken und den Schwachen im Glauben. Niemand, der sich dabei unwohl fühlt, soll dieses Fleisch essen, meinte Paulus. Er beließ es bei dieser Richtlinie, fügte aber hinzu, dass jene Gemeindemitglieder, die sich ihres Glaubens sicherer seien, doch bitte auf die Schwächeren Rücksicht nehmen sollten. Nur Blut solle niemand zu sich nehmen. Hier zieht Paulus die bekannte, älteste biblische Grenze.

Es ist nicht so wichtig, was wir essen

Schnecken in Frankreich, Hunde in Thailand, faule Eier in China. Christen dürfen alles essen. Die Sichtweise von Jesus und Paulus hat sich durchgesetzt. Nichts, was ein Mensch isst, verdaut und ausscheidet, macht aus ihm einen guten oder einen schlechten Menschen. Wie ein Mensch denkt, redet und handelt, entscheidet, wer er ist.

Die Speisevorschriften der Religionen haben jedoch die Esskultur geprägt. Juden und Muslime, die sich selber nicht als religiös bezeichnen, ekeln sich trotzdem vor Schweinefleisch, so wie Mitteleuropäer gewöhnlich keine Hunde essen, egal, ob sie in Thailand oder sonst wo auf der Welt sind.

Für Länder mit industrialisierter Schlachttierzucht ist für mich das alte biblische Gebot, *Du sollst das Böcklein nicht in der Milch seiner Mutter kochen*, vorbildlich. Der hier geäußerte Respekt gegenüber Schlachttieren verbietet fast schon den Genuss von zu Lebzeiten gequälten Tieren. Das sogenannte Pariser Schnitzel, wo Fleisch und Milch eine kulinarische Allianz eingehen, halte ich hingegen für unbedenklich, solange das Fleisch von einem würdevoll großgezogenen Tier stammt.

Die römisch-katholische Fastenzeit, mit der mir meine Klassenkameradinnen mein leckeres Schnitzelbrot vermiesen wollten, respektiere ich zwar, sie hat in meinem Leben aber eine vollkommen andere Bedeutung.

Ich zitiere an dieser Stelle Martin Luthers »Sermon von den guten Werken«: *Ich will jetzt davon schweigen, dass manche so fasten, dass sie sich dennoch vollsaufen; dass manche so reichlich mit Fischen und anderen Speisen fasten, dass sie mit Fleisch, Eiern und Butter dem Fasten viel näher kämen ...*

Auch hier spiegelt sich Jesu Standpunkt wider, dass es nicht auf plakative Akte wie Speisegebote, sondern auf die Grundhaltung ankommt. Diese Sichtweise ist für mich und meinen Umgang mit dem Essen maßgeblich. Insofern faste ich sehr wohl. Aber nicht, indem ich bestimmte Speisen zu bestimmten Zeiten meide, sondern indem ich mir über die Herkunft der von mir konsumierten Lebensmittel Rechenschaft ablege. Das erstrebenswerte »100 Kilometer Fasten« kann ich zu meinem Bedauern leider nur selten einhalten. Das heißt, dass sich auch in meiner Küche und auf meinem Teller Lebensmittel finden, die weiter als 100 Kilometer reisen mussten.

DIE HÖLLE IST KALT

In der bildenden Kunst wird die Hölle seit Jahrhunderten als eine Art überheizte Folterkammer dargestellt. Der arme Sünder hockt in einem Kessel voll kochender Flüssigkeit. Auf anderen Bildern steht er nackt in lodernden Flammen. Gehörnte, pelzige Wesen mit roter Haut, Pferdefuß und langem Schwanz piesacken ihn mit einem Dreizack. Diese Bilder vermitteln unmissverständlich, dass die Hölle ziemlich heiß sein muss. Das züngelnde Höllenfeuer taucht diesen unheiligen Ort in ein schauriges Licht. Wer solche Bilder betrachtet, versteht sofort, dass die Hölle ein Ort der Strafe ist. Die Menschen erleiden hier fürchterliche Qualen und sind der Grausamkeit des Teufels ausgeliefert.

Diese Bilder haben ihre Wurzeln in den Fantasien der Maler, nicht der Bibel, die auf unterschiedliche Art und Weise die Hölle darstellt. Je nach dem Alter der Texte ändern sich die Vorstellungen. Für die ganz alten Teile der Bibel ist die Hölle ein Ort, an dem die Toten gelagert sind. Nach ihrer Beerdigung liegen sie in der Vorstellung der biblischen Menschen nicht nur regungslos in ihrem Grab. Sie bewohnen unter der Erde eine unterirdische Stadt oder eine Burg. Ein ewiger Warteraum ist das, wo die Verstorbenen auf Godot warten, der niemals kommen wird. Die Vorstellung einer Auferstehung der Toten ist diesen alten Texten unbekannt. Ausnahmslos alle Verstorbenen befinden sich im Souterrain. Warm oder gar heiß ist der Ort nicht. Dafür aber sehr ruhig. Die biblischen Autoren finden es sehr bedauerlich, dass die Höllenbewohner das Lob Gottes nicht singen. Dazu fehlt den *Schlaffen*, wie sie genannt werden, die Kraft. Selbst Gott Jahwe gedenkt nicht der Toten an diesem Aufenthaltsort. Das ist das große Unglück der Verstorbenen. Es trifft aber die Guten und die Bösen in gleicher Weise.

Die Hölle ist also zunächst kein Ort der Strafe, sondern ein Zustand der Beziehungslosigkeit. Auch wenn die ganz alten Texte keine Temperaturangaben machen, ist das Fehlen jeglicher

Beziehung wohl eher mit einer unterkühlten als mit einer warmen Atmosphäre zu vergleichen. Die »Ur-Hölle« ist also eher kalt als heiß.

Beziehungslosigkeit ist die Hölle

Von der großen Kälte in der Hölle erzählt Jesus im Neuen Testament, und zwar in Form eines Gleichnisses. Ein König, Jesus sprach hier verschlüsselt von Gott, lud zu einem rauschenden Hochzeitsfest. Die Diener überbrachten den vornehmen Gästen persönlich die Einladung. Diese zeigten aber wenig Begeisterung und erfanden jede Menge Ausreden, um der Einladung nicht nachkommen zu müssen. Daraufhin öffnete der König sein Fest für alle. Reiche und Arme, Sünder und Gerechte, Böse und Gute durften kommen. Der Festsaal füllte sich. Blinde und Lahme waren auch dabei. Leute, die sonst niemand eingeladen hätte. Das störte Gott, oder eben den König, nicht im Geringsten. Er ging von Tisch zu Tisch und plauderte mit seinen Gästen, die den Raum bis auf den letzten Platz füllten. Einer aber trug kein Festgewand. Der gastgebende König, also Gott, fragte ihn: *Freund, wie bist du hier hereingekommen und hast doch kein hochzeitliches Gewand an?*

Der Angesprochene gab keine Antwort. Er schwieg den König an. *Da sprach der König zu seinen Dienern: Bindet ihm die Hände und Füße und werft ihn in die Finsternis hinaus! Da wird Heulen und Zähneklappern sein.*

Nicht die Missachtung des Dresscodes erzürnte den König und ließ ihn zu dieser drastischen Maßnahme greifen, sondern das trotzige Verstummen wertete der Gottkönig als Beziehungsverweigerung. Das war der Grund für den Ausschluss vom Fest. Außerhalb des Festsaales war es finster und kalt. Die Dunkelheit und die Kälte der Beziehungslosigkeit umgaben den Hinausgeworfenen.

Immer wieder sprach Jesus davon, dass Gottes Nähe wie ein Fest sei, in der Gottesferne jedoch die Zähne vor Kälte klapperten.

Die Hölle ist also dunkel. Die Hölle ist kalt und die Hölle ist kein Ort. Die Hölle ist der Zustand der totalen Beziehungslosigkeit.

In der Hölle lebt der Teufel mit seiner Großmutter

Mit der Zeit verselbstständigte sich die Vorstellung von der Hölle. Sie wurde von der Beziehung zu Gott abgekoppelt und zu einer eigenen Größe hochstilisiert. Nun gab es einen neuen Ort, an dem merkwürdige Gestalten wüteten, nämlich der Teufel, seine Großmutter und die vielen kleinen dienstbaren Teufelchen. Ungezählte Märchen und Sagen befassen sich mit diesen Gestalten. Als Kind habe ich sie mit Vergnügen gehört. Die Großmutter des Teufels beeindruckte mich ganz besonders, war sie doch ein ganz anderes Kaliber als meine gebrechlichen Omas. Pfiffig trickste diese Großmutter in einer Geschichte ihren Enkelsohn, den Teufel, aus. Sie riss ihm einige seiner goldenen Haare vom Kopf, um einem armen Menschenkind zu helfen. Auf eine Frage, die mich als Kind stets bewegte, bekam ich nie eine Antwort. Wenn der Teufel eine Großmutter hatte, dann müsste er doch auch eine Mama und einen Papa gehabt haben. Wo waren die Eltern des Teufels? Meine kindliche Logik war den Erwachsenen um mich herum aber ziemlich egal. Sie wussten einfach keine Antwort.

Die Chancen, in den Himmel zu kommen, werden immer schlechter

Nicht nur Märchen und Sagen, auch die Theologen errichteten spekulative Gedankenkonstrukte rund um die Hölle. Es ging vor allem um die Frage, wer nun tatsächlich in die Hölle komme. An erster Stelle des kirchlichen Höllenrankings standen die Ungetauften. Danach kamen jene, die zu Lebzeiten ein Verbrechen begangen hatten. Der Zugang zum Himmel war nur mehr verstorbenen Christen vorbehalten, die sich im Zustand der »Reinheit« befanden.

Die Kirche entwickelte im Laufe der Jahrhunderte ein ausgeklügeltes Sündenregister. Ihre Entscheidungsträger begannen zwischen »lässlichen Sünden« und »Todsünden« zu unterscheiden. Lässliche Sünden waren natürlich das geringere Übel. Die Kirche entwickelte Rituale der Reinigung und bot Möglichkeiten an, wieder in den Stand der Unschuld zu kommen. Die Gläubigen setzten sich diesen Prozeduren aus Angst vor den Strafmaßnahmen der Hölle aus. Die Einsicht in den »Unwert der Tat«, wie es im österreichischen Strafvollzugsgesetz heißt, spielte keine oder nur eine untergeordnete Rolle. Ebenso wenig das Mitleid mit dem Opfer. Diese Entwicklung geht weit über die Vorstellungswelt der Bibel hinaus. Jesus spricht in seiner Geschichte vom königlichen Fest nicht über Sündenfälle, die direkt in die höllische Folterkammer des Teufels führen. Im Gegenteil. Gott, der König, versammelt im Rahmen seines Festes alle möglichen Typen und Lebensgeschichten. Die Gescheiterten sind ebenso dabei wie die Erfolgreichen. Gesetzesbrecher treffen auf gesetzestreue Bürger, Unanständige auf Anständige. Sie dürfen alle in Gottes Nähe sein. Die Hölle ist kein Thema, denn sie alle suchen die Gemeinschaft mit Gott. Nur der eine Gesprächsverweigerer muss in die Kälte der Beziehungslosigkeit hinaus. Mit körperlichen Qualen und gehörnten Folterknechten hat das aber kaum etwas zu tun.

Das Fegefeuer entschärft die Hölle

Das Leben selbst, die Möglichkeit, unerwartet zu sterben, stellte die Vorstellung von Himmel und Hölle mit der Zeit infrage.

Was sollte zum Beispiel geschehen, wenn ein Mensch unerwartet an einem Hirntod oder an einem Herzinfarkt starb? Der Tod kam dann zu schnell und vereitelte die letzte Chance, alle Sünden zu beichten. Der Priester konnte ihn nicht mehr lossprechen und gereinigt ins Jenseits ziehen lassen.

Der Gedanke, dass diese an und für sich »guten Christen« nun für immer und ewig in der Hölle schmoren sollten, war für die

Menschen unerträglich. Die Idee des Purgatoriums, des Fege-feuers, war geboren. Dort musste ein sündenbehafteter Toter nicht eine Ewigkeit, sondern nur eine gewisse Zeit verbringen, bis sich für die gereinigte Seele die Pforten zum Himmel öffneten. Die le-benden Hinterbliebenen bekamen die Möglichkeit, Ablass für den Verstorbenen zu erwerben. Für eine bestimmte Summe wurde der Aufenthalt eines lieben Verwandten im Fegefeuer signifikant ver-kürzt. Diese Praxis gab den Anstoß für die Reformation. Ablass kann ein Mensch aber immer noch erwerben. Eine Wallfahrt nach Mariazell und einige dort zu vollziehende religiöse Handlungen verkürzen die Zeit im Purgatorium. Sankt Rochus, eine große ka-tholische Kirche im Dritten Wiener Gemeindebezirk, darf sich aufgrund eines päpstlichen Dekrets auf ihrer Homepage stolz »Ablasskirche« nennen. Ein Besuch der Messe in dieser Kirche und der Empfang der Sakramente bewirken vollständigen Sünden-ablass. Wie mit einer großen Gießkanne wird das Fegefeuer für alle Menschen, die die richtigen Rituale verrichten, gelöscht. Eine absurde Vorstellung.

Ein eigener Ort für ungetauft verstorbene Kinder

Das Fegefeuer löste die Frage, was mit denen geschieht, die ohne Sündenvergebung sterben, es aber nicht verdient hatten, auf ewig in der Hölle zu schmoren. Plötzliche Todesfälle gab es aber nicht nur bei Erwachsenen. Viele Kinder starben ungetauft während oder gleich nach der Geburt. Die unbiblische Lehre, dass nur Ge-taufte in den Himmel kommen, war in Bezug auf diese Kinder ein-fach zu hart.

Aber nicht nur der Himmel, selbst das Fegefeuer war ihnen nach der offiziellen Lehre als Ungetaufte unzugänglich. Ähnliche Probleme taten sich rund um das jenseitige Schicksal der unge-tauften Gerechten des Alten Testaments auf. Diese biblischen Figuren konnten ja nichts dafür, dass sie nicht getauft worden wa-ren. Schließlich war das erst seit der Zeit des Neuen Testaments möglich. Die gelehrten Theologen improvisierten und kreierten zwei neue Orte, von denen nichts in der Bibel steht. Der Limbus Patrum war der Ort, den sich die Kirchenlehrer für Abraham und die anderen Gestalten des Alten Testamentes erdachten. Für die ungetauft verstorbenen Kinder führten sie den Limbus Infantium ein, eine Art höllische Kinderkrippe. In diesen beiden Vorräumen der Hölle war es gemäß der offiziellen Lehre nicht ganz so heiß, wie in der »echten« Hölle. Erfreuliche Orte, um dort die Ewigkeit zu verbringen, sind sie jedoch keinesfalls. Den Gestalten des Alten Testamentes wird das relativ egal sein. Für die Eltern eines früh verstorbenen Kindes scheint mir die Vorstellung, dass sich ihr Kind im Vorhof der Hölle befindet, wenig tröstlich. Ich war immer froh, als evangelische Pfarrerin verwaisten jungen Eltern voller Überzeugung sagen zu können: »Euer Kind ist bei Gott gut aufgehoben.«

Am 20. April 2007 setzte Papst Benedikt XVI. die Lehre vom Limbus Infantium mehr oder weniger außer Kraft, indem er sie zu einer älteren theologischen Meinung erklärte, die vom kirchlichen Lehramt nicht mehr unterstützt werde. Auf der Internetseite Kathpedia wird mit bedauerndem Tonfall von einer »Abwertung der Lehre« gesprochen. Manchen ist Herr Ratzinger tatsächlich noch zu fortschrittlich.

Die Vorstellung von der Hölle hat Folgen

Die Lehre von Hölle und Fegefeuer hat jahrhundertelang Menschen in Angst und Schrecken versetzt, sie regelrecht gelähmt. Die katalogartige Sündenlehre verhinderte das freie Handeln und hielt die Menschen gefügig. Drüben im sogenannten Jenseits war dieses große, furchterregende Buch, in dem jede Verfehlung penibel registriert, addiert und saldiert wurde. Bis heute erscheint an manchen Orten der »Heilige Nikolaus« mit einem ähnlichen Buch. Dort sind intime Geheimnisse der Kinder aufgeschrieben und werden jedes Jahr am 6. Dezember öffentlich gemacht. »Der Franzi hat sich noch immer nicht von seinem Schnuller getrennt«, steht da zum Beispiel, oder »der Fritzi schafft es zuweilen erst dann zum Klo, wenn die Hose schon nass ist.«

Ich finde solche Spielchen mit den Kindern schrecklich. Sie machen menschliche Fehler zu einer schweren Bürde, die überdies einer moralischen Wertung unterzogen werden. Für mich sind Fehler aber bedeutender Bestandteil des Lebens. Solange wir aus ihnen lernen, bringen sie uns weiter und schärfen unser Gefühl für kommende Herausforderungen. Eine Kultur, in der ein Mensch aus Fehlern lernen kann, entsteht aber nur im angstfreien Raum. Die Vorstellung von Gott als himmlischen Buchhalter, der uns im Sündenfall an einen Ort der nie endenden Züchtigung, also in die Hölle, schicken will, ist eher nicht dazu geeignet, eigenständige und verantwortungsvolle Individuen hervorzubringen.

Die Reformation hat einen realistischeren Weg beschritten. Luther schreibt an einen Zeitgenossen: »Sündige tapfer. Aber glaube noch viel tapferer«, dass nämlich Gottes Gnade größer ist als alle Sünde.

Die Hölle ist im Diesseits angekommen

In unserer modernen Zeit wird die Sache mit den Sünden und ihren Konsequenzen noch viel komplizierter. Wir werden nicht nur als Individuen durch unser höchstpersönliches Tun und Lassen schuldig. Inzwischen ist die Welt so vernetzt, dass es hier in Europa auch eine strukturelle Schuld gibt, zum Beispiel wenn in Afrika Millionen von Menschen trotz Nahrungsmittelüberschüssen in der »Ersten Welt« verhungern. Die Vorstellung von Hölle und Fegefeuer ist kaum geeignet, hier Lösungen zu schaffen, allein schon deshalb, weil die Hölle längst im Diesseits angekommen ist. Der verantwortungsbewusste Mensch kann ohne solche angstbesetzten Begriffe auskommen. Diejenigen, die nur um ihr eigenes Heil in der Ewigkeit besorgt sind, werden es sich weiterhin mit religiösem Aktionismus richten. Alle anderen können die Hölle getrost vergessen und sich stattdessen auf das, was jetzt zu tun ist, konzentrieren. Sie werden dabei Irrwege gehen und Fehler machen. Hoffentlich haben sie genug Mut, daraus zu lernen und es von Neuem zu versuchen.

IN BIBLISCHEN ZEITEN GAB ES LEIHMÜTTER

Die Gebrüder Grimm erzählten gerne von Stiefmüttern und schilderten sie als sadistische Monster in weiblicher Gestalt. Der Vorarlberger Hermann Gmeiner erdachte die Kinderdorfmütter, angeblich die reinsten Engel. Die Frauen im Alten Testament erfanden die Leihmutterschaft.

Die Helden des Alten Testaments hatten einen Harem

Die Geschichten dieser Leihmütter spielen im Harem der alttestamentlichen Helden. Zur Zeit des ersten Teils der Bibel war es selbstverständlich, dass ein Mann mehrere Frauen hatte. Viele Söhne galten als besonderer Segen. Zwischen zehn und zwanzig konnten es schon sein. Eine Frau allein hätte so viele Geburten nie geschafft. Ab und zu gebären die Frauen ja auch Töchter. Mehr Frauen bedeuteten mehr Nachkommen und vor allem mehr Söhne.

Eine Haremsgeschichte erzählt Mozarts Oper »Die Entführung aus dem Serail«. Auch Karl May plaudert in den Geschichten rund um Kara Ben Nemsi aus dem Haremsnähkästchen. Sowohl die Oper als auch die Abenteuer des Kara Ben Nemsi schildern die Frauen im Harem als bemitleidenswerte, wehrlose, hoffnungslose Geschöpfe. In den biblischen Haremsgeschichten lastet der Druck eher auf den Männern. Die Frauen hatten ihre eigenen Machtstrategien, um sich den Beischlaf, und somit eine mögliche Schwangerschaft, zu sichern. Denn durch die Geburt eines Sohnes stieg auch das Ansehen der Frau. Je mehr Söhne sie gebar, desto besser war ihre Position in der Sippe. Manchmal kam es im Harem zu einem regelrechten Geburtenwettstreit.

Zwei Schwestern nutzen im Geburtenwettstreit Leihmütter

Das erste Buch Mose erzählt die Geschichte von zwei Schwestern. Beide waren mit demselben Mann, Jakob, verheiratet. Das war so nicht geplant gewesen. Jakob wollte eigentlich Rahel, die jüngere heiraten. Eine echte Liebesheirat wäre das gewesen. Aber als er nach der Hochzeitszeremonie die tief verschleierte Braut entkleidete, fand er eine andere unter dem vielen Stoff. Der betrügerische Schwiegervater hatte ihm statt der begehrten Rahel die ältere Schwester Lea untergejubelt.

Leas Augen waren ohne Glanz. Rahel dagegen war schön von Gestalt und Angesicht, beschreibt die Bibel den Grund für Jakobs Enttäuschung. Die neue, unerwünschte Ehefrau war vom Umtausch ausgeschlossen, deshalb musste sich Jakob fügen. Gegen den Brautpreis von sieben Jahren Frondienst, das bedeutete Gratisarbeit in der Landwirtschaft des Schwiegervaters, durfte der betrogene Bräutigam dann doch auch die geliebte Rahel zu sich nehmen. Nun hatte er also zwei Frauen. Die beiden Schwestern begannen einen Geburtenwettstreit, der zugleich einen Wettstreit um Jakobs Liebe darstellte. Weil Lea ungeliebt war, ließ Gott sie zum Ausgleich regelmäßig schwanger werden und einen Sohn nach dem anderen gebären. Rahel hingegen bekam keine Kinder, weder Söhne noch Töchter. Sie war vermutlich unfruchtbar. Gesellschaftlich war das zur damaligen Zeit eine Katastrophe. Es kam prompt zu einer Auseinandersetzung zwischen Jakob und seiner Lieblingsfrau. *Als Rahel sah, dass sie Jakob kein Kind gebar, beneidete sie ihre Schwester und sprach zu Jakob: Schaffe mir Kinder, wenn nicht, so sterbe ich. Jakob aber wurde sehr zornig auf Rahel und sprach: Bin ich doch nicht Gott, der dir deines Leibes Frucht nicht geben will.*

Daraufhin nötigte Rahel ihren Gemahl, mit ihrer Leibmagd Bilha zu schlafen. Wenn diese einen Sohn gebären würde, dann sollte dieser als Kind der Rahel gelten. Eine Tochter wäre der Magd als eigenes Kind geblieben. Leihmutterschaft nennt man das in der Gegenwart. Und tatsächlich, das Kind der Leihmutter wurde geboren. Es war ein Sohn. Sie nannten ihn Dan. Im Verband der Sippe wuchs er als Rahels erstes Kind auf. Die Leihmutter wurde ein zweites Mal bemüht. Sohn Naftali kam zur Welt. Es stand zwei zu vier für Lea.

Nach vier Söhnen hat Lea *aufgehört zu gebären*. Sie wollte aber noch mehr Kinder. Darum verordnete auch sie dem gemeinsamen Ehemann zweimal ihre Magd als Leihmutter. Zwei weitere Söhne wurden gezeugt. Im Wettkampf der Geburten stand es sechs zu zwei für Lea.

Eine Frau kauft das Recht auf Beischlaf

Rahel gab nicht auf. Sie wollte auch ein leibliches Kind haben. Leas ältester Sohn fand *Liebesäpfel* auf dem Feld. Vermutlich handelte es sich um Alraunen. Nach damaliger Meinung wirkte dieses Nachtschattengewächs empfängnisfördernd. Nun begann ein Handel um das Recht des Beischlafs mit dem gemeinsamen Ehemann. Rahel bekam von ihrer Schwester die Liebesäpfel, um vielleicht doch noch selbst gebären zu können. Dafür musste Jakob in dieser Nacht mit Lea schlafen, obwohl eigentlich Rahel an der Reihe gewesen wäre.

Als nun Jakob am Abend vom Felde kam, ging Lea hinaus ihm entgegen und sprach: Zu mir sollst du kommen, denn ich habe dich erkauft mit den Liebesäpfeln ... und er schlief diese Nacht bei ihr.

Der »Einkauf« lohnte sich für Lea. Sie wurde schwanger. Rahel nutzte die Anwendung der Liebesäpfel vorerst nichts.

Erst nachdem Lea, inklusive der Kinder ihrer Leihmutter, insgesamt acht Söhne und eine Tochter hatte, erfüllte sich auch Rahels Kinderwunsch. Sohn Josef kam zur Welt. Während der Geburt ihres zweiten Sohnes, Benjamin, starb Rahel an den Folgen der Steißlage des Kindes. Das steht so in keinem biblischen Kommentar, lässt sich aber anhand eines kleinen Details erkennen. Die Bibel erzählt nämlich: *Da Rahel aber die Geburt so schwer wurde, sprach die Hebamme zu ihr: Fürchte dich nicht, denn auch diesmal wirst du einen Sohn gebären.*

Die Hebamme sah also nicht wie bei einer normalen Kopflage den Haarschopf des Kindes, sondern das Geschlecht, ein klarer Hinweis auf eine Steißlage. Das Kind lag verkehrt. Jakobs Lieblingsfrau überlebte die Komplikationen der Geburt nicht.

Im Harem Abrahams gab es auch Stress

Auch einem anderen Stammvater Israels verordnete die Ehefrau Beischlaf mit einer Leihmutter. Von Abraham, dem Stammvater Israels, erzählt das erste Buch Mose, dass er und seine Frau Sara lange Zeit keine Kinder bekamen. Als beide bereits im fortgeschrittenen Alter waren, verhieß ihnen Gott doch noch einen Erben und Stammhalter. Doch nichts geschah. Sara wurde ungeduldig. Aufgrund ihres Alters kam es ihr immer unwahrscheinlicher vor, das verheißene Kind doch noch zu gebären. Sara entschied sich für eine Leihmutter. Sie ließ ihren Mann mit ihrer Leibmagd schlafen. Prompt wurde diese schwanger. Nun stand die vom Sippenchef schwangere Sklavin im Ansehen über der legitimen, aber kinderlosen Ehefrau. Der Friede in Abrahams Zelten war dahin. Die schwangere Leihmutter ließ die kinderlose Herrin ihre Überlegenheit spüren. Ab dem Moment *achtete sie ihre Herrin gering*, erzählt die Bibel. Daraufhin schikanierte Sara aus Eifersucht ihre Magd. Die misshandelte Frau floh hochschwanger in die Wüste, um dort zu sterben. Ein Engel folgte ihr, um der Sklavin eine große Zukunft für ihren Sohn vorauszusagen. Sie müsse bloß zurückkehren und das Kind austragen, sagte der Engel. Die Sklavin ließ sich überreden. Ismael wurde geboren, der erste Sohn und Erbe Abrahams. Schließlich wurde auch Sara schwanger. Ihren Sohn nannte sie Isaak. Dieser war jünger als das Kind der Magd und daher nicht erbberechtigt. Sara forderte von Abraham, dass er die Sklavin samt ihrem Sohn fortschicke. Abraham zögerte, widersprach aber nicht. Er verstieß seinen Ältesten und dessen Mutter. Er führte die beiden in die Wüste. Dort setzte er sie aus. Gott aber sorgte für ihr Überleben und schenkte dem verstoßenen Sohn eine eigene Verheißung, einen eigenen Segen. Nach jüdisch-biblischer Tradition ist Isaak der Stammvater der Israeliten. Die islamische Tradition sieht Ismael, das Kind der Leihmutter, bis heute als Stammvater der Araber.

Leihmütter sind immer wieder Thema

Leihmütter, die gut integriert sind, eine Leihmutter, die um ihren Lohn betrogen wird, Kinder aus Leihmutterschaften, die den Kindern der Ehefrauen gleichgestellt sind, das Kind einer Leihmutter, das verstoßen wird, weil es nun doch nicht ins Konzept passt. Die biblischen Geschichten erzählen zum Thema »Leihmütter« Ähnliches wie bunt illustrierte Zeitschriften heute. Die Bibel zeigt, dass Leihmutterschaft eine längere Tradition hat, als manche vermuten.

ONAN HAT NICHT ONANIERT

Onanieren kommt vom hebräischen Eigennamen Onan. Eine oberflächlich gelesene Geschichte aus der Bibel ist schuld daran, dass Onan zum Namenspatron der Masturbation wurde. In seiner Geschichte geht es aber um den Verstoß gegen soziale Verpflichtungen. Sexualität spielt darin ebenfalls eine Rolle. Aber mit Masturbation hat sie nichts zu tun.

Um das zu verstehen, hilft ein Blick in das alttestamentliche Familienleben.

Ein Mann muss seine Schwägerin heiraten

Sozialversicherung und Witwenpension gab es in biblischen Zeiten nicht.

Aber das Bestreben, die Schwächsten sozial abzusichern, existierte sehr wohl. Zu den Schwächsten gehörten die Witwen. Eine Braut übersiedelte nach der Hochzeit von einem Tag auf den anderen in die Familie ihres Mannes. Dort lebte sie zunächst als Fremde im eigenen Haus. Der Vater des Angetrauten oder ein älterer männlicher Verwandter regierte die Großfamilie. Der Ehemann war der einzige Rückhalt der meist sehr jungen Frau. Starb der Ehemann, trat der Sohn das Erbe an und übernahm die Beschützerrolle für seine Mutter. Er achtete nun darauf, dass sie ihren angestammten Platz beibehielt und bei der Verteilung von Nahrungsmitteln gerecht behandelt wurde. Im Falle eines Streits war er ihr Anwalt, so wie es zuvor sein Vater gemacht hatte. Wenn ein Mann starb und keinen Sohn hinterließ, der sich um die Witwe kümmern konnte, blieb sie schutz- und mittellos zurück. Denn die Frau war nicht erbfähig. Sie konnte weder Ländereien bewirtschaften noch Herden betreuen.

Die sogenannte Leviratsehe brachte die Lösung. Ein Bruder des Verstorbenen nahm die Witwe zur Frau. Es konnte durchaus sein, dass er schon eine Ehefrau hatte oder sogar mehrere Frauen in seinem Harem lebten. Ein zusätzliches Familienmitglied machte also wenig Unterschied. Nun hatte die verwitwete Schwägerin einen männlichen Beschützer und einen Verwalter der Hinterlassenschaft. Dieser sollte mit ihr nach Möglichkeit auch einen Sohn zeugen. Die Geburt eines Sohnes verbesserte den Status der kinderlosen Witwe. Außerdem galt dieses Kind posthum als rechtmäßiger Erbe des verstorbenen Mannes.

Onan will keine Kinder mit seiner Schwägerin

Das Alte Testament erzählt von einer Familie, in der eben diese Leviratsehe die Witwe Tamar schützen sollte. Ihr Mann, der Älteste von drei Söhnen, verstarb kinderlos. Der Schwiegervater und Sippenchef verheiratete Tamar daraufhin mit seinem mittleren Sohn Onan. Onan aber hatte keine Lust, für seinen verstorbenen Bruder einen Erben zu zeugen. Denn solange es keinen männlichen Nachkommen des Bruders gab, war er der Nutznießer des brüderlichen Erbes. Ein Sohn aus der Beziehung mit der Witwe hätte für Onan den Verlust der materiellen Vorteile und die Kosten der Aufzucht des Kindes bedeutet. Das erste Buch Mose erzählt, wie Onan sein Problem löste.

Da Onan wusste, dass die Kinder nicht sein eigen sein sollten, ließ er's auf die Erde fallen und verderben, wenn er einging zu seines Bruders Frau.

Was er da auf die Erde fallen ließ, können sich alle Erwachsenen vorstellen. Mit Masturbation hatte das aber nichts zu tun. Onan onanierte nicht, zumindest nicht in dieser Geschichte. Coitus interruptus wäre das richtige Wort. Aus Gier und Geiz ließ er's auf die Erde fallen und verderben. Damit zog er sich Gottes Zorn zu, der letztlich den Tod brachte. Er weigerte sich, die vorgesehene Verantwortung für die Witwe seines Bruders zu übernehmen. Damit handelte Onan gegen den Grundsatz des biblischen Gottes, der wollte, dass Witwen geschützt werden.

Nicht die böse Masturbation war also Onans Vergehen, sondern sein unsoziales Verhalten.

Sexuelle Fantasien führen die Ausleger in die Irre

»Onanieren ist böse. Onanieren ist eine Sünde. Man bekommt davon Rückenmarkserweichung. Man erblindet. Man verblödet. Man stirbt.«

Ein bekannter Kolumnist der Tageszeitung »Der Standard« erzählte in einer Glosse im Jahr 2010 von solchen Drohungen, die er als Knabe gehört hatte. Auf Kathpedia steht Masturbieren »als sexueller Kurzschluss« an zweiter Stelle auf der Liste der »Verstöße gegen die Keuschheit«. Dabei wird Unkeuschheit definiert als »ungeordneter Genuss oder ungeordnetes Verlangen nach geschlechtlicher Lust«. Viele junge Männer haben wohl wegen der falsch erzählten Geschichte des Onan Todesängste ausgestanden oder sich vor »Blindheit und Rückenmarkserweichung« gefürchtet.

Wer auch immer das Wort onanieren für sexuelle Selbstbefriedigung gewählt hat, hat die Bibel unter einem etwas merkwürdigen Blickwinkel studiert. Die Erwähnung einer sexuellen Handlung genügt offenbar, um zusammenhangslose Fantasien in Gang zu setzen und die eigentliche Pointe der Geschichte zu übersehen.

Tamar kämpft um ihre Witwenpension

Die Geschichte geht aber noch weiter. Nachdem Onan gestorben war, sollte der jüngste Bruder die Witwe heiraten. Da dieser aber nicht im heiratsfähigen Alter war, schickte Schwiegervater Juda die Frau zurück in ihre Herkunftsfamilie. Auf diese Weise drückte er sich vor weiteren Verpflichtungen gegenüber der Schwiegertochter, der er die Schuld am Tod der beiden Söhne gab. So eine Rückkehr bedeutete Schmach und Schande. Tamar führte fortan ein Leben am Rande der Gesellschaft. Sie trug Witwenkleider und erwartete sehnsüchtig das Heranwachsen des kleinen Schwagers, der sie als Einziger aus dieser misslichen Lage befreien konnte. Die Hochzeit mit ihm würde sie endlich wieder in eine bessere Position versetzen. Doch nichts geschah. Der Schwiegervater Juda hüllte sich in

Schweigen und hielt den letzten Sohn, der inzwischen erwachsen war, von der schwarzen Witwe fern.

Eines Tages reichte es Tamar. Sie legte die Witwenkleider ab und verkleidete sich als verschleierte Prostituierte. Gekonnt fädelte sie eine zufällige Begegnung mit Papa Juda ein, der prompt in die Falle tappte. Weil er kein Geld bei sich hatte, hinterließ er als Pfand für eine spätere Bezahlung sein Siegel und einige andere persönliche Dinge. Kurz darauf schickte er einen Diener, der die Rechnung begleichen und die Sachen zurückholen sollte. Doch die Frau war verschwunden. Tamar hatte längst wieder ihre Witwenkleider angezogen. Von ihrem kurzen Ausflug in die Prostitution wurde sie schwanger. Der Schwiegervater erfuhr von der Schwangerschaft und tobte. Ein Mitglied seines Klans hatte »herumgehurt«. In seiner Funktion als Richter des Clans verhängte Juda über Tamar die Todesstrafe. Er wollte sie verbrennen. Damit wäre er auch das Problem mit der Hochzeit losgewesen. Sein letzter Sohn hätte diese gefährliche Frau nicht heiraten müssen.

Tamar ließ sich seelenruhig zum Richtplatz führen. Dort zeigte sie ihrem Schwiegervater das Siegel und die anderen Gegenstände. *Von dem Mann bin ich schwanger, dem dies gehört*, sagte sie. Statt der Witwenverbrennung gab es eine Hochzeit mit dem jüngsten Sohn. Tamar gebar Zwillinge, leibliche Kinder des Schwiegervaters. Endlich war ein Erbe für den ersten Ehemann geboren.

Diese spannende Geschichte einer starken Frau, die mit allen Mitteln um ihr Recht kämpft, gehört zu meinen Lieblingspassagen in der Bibel. Lange vor der Bergpredigt gibt sie eine Anleitung zur Selbstverteidigung. Vielleicht hat Jesus als Kenner der hebräischen Bibel auch aus dieser Geschichte gelernt.

Auch im Neuen Testament wird diese Geschichte missbraucht

Dass die Geschichte von Onan und Tamar Jesus und seinen Zeitgenossen geläufig war, zeigt ein Streitgespräch mit den Sadduzäern. Diese Angehörigen der Priesteraristokratie hielten nichts von der Vorstellung einer Auferstehung von den Toten. Jesus, der zur Gruppe der Pharisäer gehörte, vertrat jedoch genau diesen Glauben. Eines Tages kam es zu einer theologischen Diskussion zwischen ihm und einigen Sadduzäern. Die Priester erzählten die Geschichte von Tamar und Onan und übertrieben maßlos. Nicht drei Söhne seien es gewesen, sondern sechs, die nach dem Tod des Ältesten hintereinander als Ehemänner einsprangen. Keiner der Brüder habe bei seinem frühen Tod einen Erben hinterlassen, so die Geschichte der Sadduzäer. Am Ende starb in dieser Version auch die Frau. Hämisch fragten die Sadduzäer Jesus, den Vertreter der Auferstehung: *Nun, in der Auferstehung, wessen Frau wird sie sein unter ihnen? Denn alle sieben haben sie zur Frau gehabt.*

Ein himmlischer Harem, in dem eine Frau sieben Männer haben konnte, erschien ihnen undenkbar. Jesus konterte mit einer bemerkenswerten Replik: *Die Kinder dieser Welt heiraten und lassen sich heiraten. Welche aber gewürdigt werden, jene Welt zu erlangen und die Auferstehung von den Toten, die werden weder heiraten noch sich heiraten lassen.*

»Die Ehe ist ein weltlich Ding!« So hat es Luther später auf den Punkt gebracht. Im Jenseits ist also niemand verheiratet.

An der Deutung der Sadduzäer können wir erkennen, dass manche bereits zu biblischen Zeiten Geschichten für eigene Zwecke und Argumentationen missbraucht haben.

Die Geschichte der Witwe Tamar hat jedenfalls nur eine soziale Pointe. Sie zeigt den biblischen Gott als Schirmherrn der Benachteiligten und Betrogenen, indem er Onan bestraft. Diese Geschichte dient als Warnung für alle Männer, ihre Pflichten in der Familie ernst zu nehmen. An Buben und Mädchen, die onanieren, wendet sich diese Geschichte nicht.

LÜGEN SIND MANCHMAL UNVERZICHTBAR

Gott entwickelt immer wieder verheißungsvolle Pläne für bestimmte Menschen, erzählt die Bibel. Dem kinderlosen Abraham versprach er viele Nachkommen. Stammvater eines großen Volks sollte er werden. Dem jungen Hirtenknaben David ließ er durch einen Propheten ausrichten: »Eines Tages wirst du König sein.«

Aber manchmal ermöglichten erst geschickt platzierte Lügen von Menschen, dass sich die Verheißungen auch wirklich erfüllten.

Besonders heldenhafte Lügnerinnen waren die beiden Hebammen Schifra und Pua. Sie widersetzten sich dem Befehl des ägyptischen Königs, alle männlichen Neugeborenen der Israelitinnen gleich nach der Geburt zu töten. Diese erzwungene Beihilfe zum Genozid unterliefen die Hebammen mit der Lüge, die hebräischen Mütter würden ihre Kinder besonders schnell und ohne Hilfe der Hebammen auf die Welt bringen. Der Pharao glaubte ihnen. Tatsächlich leisteten Schifra und Pua den Müttern sehr wohl Beistand. Wären die beiden Frauen dem Befehl des Pharaos gefolgt, wäre Gottes Verheißung an Abraham – *Ich will dich zu einem großen Volk machen* – hinfällig gewesen. Denn nach den Morden hätten die israelitischen Mädchen nur Ägypter heiraten können. Das Volk Israel wäre in kürzester Zeit im Volk der Ägypter aufgegangen. Genau deshalb singt die Bibel das hohe Lob der beiden Lügnerinnen.

Die Lüge einer anderen Frau rettete Gottes Plan, den Hirtenjungen David eines Tages zum König von Israel zu machen. Eines Nachts schickte der mordlustige König Saul seine Häscher, um den verhassten Rivalen David zu Hause zu verhaften und vorzuführen. Eigenhändig wollte er ihn mit seinem Spieß an die Wand nageln. Michal, die Ehefrau Davids und Tochter des Königs, half ihrem Mann mithilfe eines Seiles durch das Fenster zu flüchten. Um die Häscher zu täuschen und Zeit zu gewinnen, setzte Michal einer Statue eine Perücke aus Ziegenhaaren auf und drapierte sie auf Davids Bett. Gegenüber den Dienern des Königs behauptete sie, ihr Mann sei zu krank, um mitzukommen. Diese Ausrede ließ der König nicht gelten. Er schickte andere Leute mit dem Auftrag: *Bringt ihn her zu mir samt dem Bett, dass er getötet werde!*

Die Täuschung flog auf. Empört fragte der König Saul seine Tochter, warum sie seinen Feind unterstützt habe.

Michal antwortete Saul: Er sagte zu mir: Lass mich gehen oder ich töte dich!

Auch das war eine Lüge. Sie tat es aus Liebe zu ihrem Mann. Hätte Michal ihrem Mann nicht einen Vorsprung verschafft, wären die Häscher erfolgreich gewesen und der grimmige König hätte keine Nachsicht walten lassen. Gottes Plan, dass David die Nachfolge des mordlustigen Königs antreten sollte, wäre gescheitert. Da der spätere König David auch ein direkter Vorfahre Jesu war, hätte auch Jesu Geburt ohne die Lüge niemals stattgefunden.

Es gibt also Lügen, die unverzichtbar sind, Lügen, die eine durchaus erwünschte Wirkung haben und Gottes Pläne erst ermöglichen, erzählt die Bibel.

Manche Leute aber sind wahrheitsliebender als die Bibel. So behauptet die Internetseite »Life is more, gib deinem Leben eine Richtung« zur Geschichte von der Rettung Davids: »Notlügen sind auch Lügen und widersprechen dem Wesen Gottes. Daher hat Gott dem Menschen verboten, seinen Nächsten zu belügen. Wenn nun in der Bibel nichts von Tadel oder Strafe steht, bedeutet das nicht, dass Gott Michals Lüge überging. Gott wartet manchmal länger zu und lässt oft Sündiges gewähren. Das Sprichwort, nach dem Gottes Mühlen langsam, aber gerecht mahlen, ist wahr.«

Dieser User rechnet fest damit, dass Michals Lüge eines Tages bestraft wird. Fakt ist aber, dass in der Bibel kein Wort des Tadels über die lügende Michal steht.

Ganz offensiv feiert die Bibel im Buch Josua eine Lüge als Heldentat. Die Hure Rahab gewährte den Spionen Israels Unterschlupf in ihrem Haus in Jericho. Als die Wächter des Königs von Jericho zu ihr kamen und nachfragten, behauptete sie, dass die Männer die Stadt vor Einbruch der Dunkelheit bereits verlassen hätten. Tatsächlich hatte sie die Spione auf ihrem Dach unter Flachsstengeln versteckt.

Rahab und ihre ganze Sippe lebten später als Ehrenbürger im Volk Israel.

Auch große Glaubenshelden lügen

Nicht alle Lügen in der Bibel nützen Gott. Manche nützen auch einfach nur der Person, die die Unwahrheit sagt. Der Stammvater Israels, Abraham, ist so ein erfolgreicher Lügner. Der große Glaubensheld des Alten Testaments belog den Pharao wegen seiner Frau Sara. Er gab sie als seine Schwester aus. Das brachte ihm reichen Gewinn, denn der Pharao war von Sara entzückt, nahm sie zu seiner Frau und zahlte dem vermeintlichen Bruder einen sehr guten Brautpreis. *Er bekam Schafe, Rinder, Esel, Knechte und Mägde, Eselinnen und Kamele.*

Die Angelegenheit missfiel Gott. Aber nicht gegen Abraham richtete sich sein Zorn. Der getäuschte Pharao bekam Schwierigkeiten.

Aber der Herr plagte Pharao und sein Haus mit großen Plagen um Saras, Abrahams Frau, willen.

Die Sache ging für Abraham mehr als glimpflich aus. Er bekam seine Frau zurück und konnte den Brautpreis behalten. Es gab nur eine einzige Bedingung. Er musste das Land verlassen. Der biblische Erzähler kritisiert Abrahams Verhalten in keiner Weise. Im Gegenteil. Die Geschichte wiederholt sich sogar. Abimelech, der König von Gerar, holte Sara in seinen Harem, nachdem Abraham sie als seine Schwester ausgegeben hatte. Der König stand als Sünder da. Abraham, der Wiederholungstäter, kam aus Sicht der Bibel wieder ungeschoren davon. Einige Kapitel später erfahren die Leser, dass Abrahams Sohn Isaak das gleiche Spiel spielte. Er gab seine Frau Rebekka als seine Schwester aus. Diese Art der Lüge lag offenbar in der Familie.

Lügner können auch Vorbilder sein

Jesus selbst lobte einen notorischen Lügner und Betrüger. In einem Gleichnis stellte er diesen Mann als Vorbild dar.

Es handelt von einem Verwalter auf einem reichen Gut, der des Betruges überführt wird. Der Chef entlässt ihn, was den Verwalter in tiefe Verzweiflung stürzt. *Was soll ich tun? Mein Herr nimmt mir das Amt; graben kann ich nicht, auch schäme ich mich zu betteln.*

Er findet eine Lösung, die zum Entlassungsgrund passt. Er besucht die Schuldner seines Herrn und setzt Kraft seines nun nur noch vorgetäuschten Amtes die offenen Schulden spürbar herab. Er stellt neue Schuldscheine aus, wodurch ihm die Leute verpflichtet sind. Sollte er in Zukunft Unterstützung brauchen, würde er sich an die dankbaren Schuldner wenden, so sein Kalkül. Diese Geschichte ist ein Lehrstück für gewerbsmäßigen Betrug, die Jesus sich ausgedacht hat. Sie endet mit einer verblüffenden Conclusio. *Der Herr lobte den ungetreuen Verwalter, weil er klug gehandelt hatte; denn die Kinder dieser Welt sind unter ihresgleichen klüger als die Kinder des Lichts.* Die Moral von dieser unmoralischen Geschichte ist eine Ohrfeige für die Frommen. Jesus lobte den betrügerischen Verwalter, weil er seinem Lebensprinzip, dem Betrug, treu blieb. Den Frommen seiner Zeit, die für sich Rechtschaffenheit und Glaube als Lebensprinzip gewählt hatten, warf er vor: »Wenn es brenzlig wird, dann vergesst ihr eure hehren Ideale, dann richtet ihr es euch, wie es euch passt. Wenn es dann wieder leicht geht, dann kehrt ihr zu euren Prinzipien zurück.« So einer war auch Petrus, der Jünger Jesu. Ewige Freundschaft und Gefolgschaft bis in den Tod hatte er gelobt. Als es jedoch gefährlich wurde, verleugnete er Jesus dreimal und schwor: *Ich kenne den Menschen nicht.*

Die zehn Gebote verbieten das Lügen nicht

Dass Lügen für eine schwere Sünde gehalten wird und deshalb streng verboten sei, ist mit der Fehlinterpretation eines der zehn

Gebote zu erklären. *Du sollst nicht falsches Zeugnis reden gegen deinen Nächsten,* lautet das betreffende Gebot.

Hier wird aber nicht generell das Lügen verboten. Es geht um eine spezielle Form der Lüge, nämlich um die falsche Aussage gegen einen Angeklagten vor Gericht. Diese Lüge wird bis heute gesetzlich geahndet, ebenso wie verleumderische Falschaussagen in der Öffentlichkeit. Alle anderen Lügen werden weder heutzutage noch in der Bibel bestraft.

Der Kirchenvater Augustinus bezeichnete im 4. Jahrhundert jede Art der Lüge als eine Sünde. Nicht einmal Lügen, die einen Mord verhindern würden, seien erlaubt. Michal, die lügende Frau Davids, wäre Augustinus zufolge eine Sünderin gewesen. Hier ist ein Kirchenvater wahrheitsliebender als die Bibel selbst.

Lüge nach biblischem Verständnis ist eben nicht eine einzelne Unwahrheit zu einem mehr oder weniger objektiven Sachverhalt. Die Bibel versteht unter Lüge eine Lebenslüge. Wenn Menschen ihren Überzeugungen, ihrem Glauben, ihren Grundsätzen, also im Grunde sich selbst untreu werden, aber vorgeben unbeirrt daran festzuhalten.

Im Urteil Jesu stehen jene Frommen als Lügner da, die immer wieder von ihrem selbstgewählten Weg der Rechtschaffenheit und des Glaubens abweichen. Somit ist auch Judas ein Lügner, obwohl er immer die Wahrheit gesagt hat. Selbst als Jesus den Verrat offen ansprach, leugnete Judas nicht. Das Etikett »Lügner« verdient er sich deshalb, weil er seinem Vorhaben, Jesus nachzufolgen, untreu geworden ist.

Die lügenden Hebammen hingegen bleiben ihrer Grundhaltung treu. Sie schützen neugeborenes Leben. Ihnen attestiert die Bibel Wahrhaftigkeit.

Michal belügt die Häscher ihres Vaters und bleibt der Liebe zu ihrem Mann treu. Sie ist nach biblischem Verständnis ebenfalls keine Lügnerin.

DIE GESETZE DES ALTEN TESTAMENTS WAREN FORTSCHRITTLICH UND SOZIAL

Bis zu ihrem letzten Atemzug war meine Mutter, Jahrgang 1923, eine glühende Verfechterin nationalsozialistischen Gedankenguts. In meiner kindlichen Sprachentwicklung bekam ich also ganz nebenbei das gesamte einschlägige Vokabular mit. Eines der beeindruckendsten Wörter war »alttestamentarisch«. Obwohl ich im zarten Kindesalter noch nichts von der Bibel, weder vom Alten noch vom Neuen Testament, wusste, lief mir ein kalter Schauer über den Rücken, wenn ich dieses Wort hörte. Nicht der Inhalt schockierte mich, sondern die negativen Emotionen, die dabei im Spiel waren. Bei »alttestamentarisch« stellte ich mir grässliche Ereignisse, unglaubliche Härte und verabscheuungswürdiges Treiben vor. Auch Hass brach durch, gegen Menschen, die sich den »alttestamentarischen« Regeln unterwarfen. Die Natur dieses diffusen Grauens blieb mir verborgen. Ich wagte auch nie, danach zu fragen.

Kinder verinnerlichen Sprache auch über Analogieschlüsse. Als ich in der Schule die Bibel kennenlernte, wunderte ich mich, dass die Lehrerin ständig »neutestamentlich« sagte. Wieso hieß es dann bei mir zu Hause »alttestamentarisch«? Wieso nicht »alttestamentlich«?

Der Duden machte amtlich, was ich schon immer gespürt hatte. »Alttestamentarisch« bezieht sich auf Inhalte, die als besonders grausam und besonders streng verstanden werden. Hier schwingt, ob beabsichtigt oder nicht, eine antijüdische Stimmung mit. »Alttestamentarisch« gehört nicht umsonst zu den Spezialbegriffen der nationalsozialistischen Ideologie, wie der Publizist Andreas Mertin nachweist. Er stellt auch fest, dass der Begriff in den letzten Jahren eine Renaissance erlebt. Statt des neutralen »alttestamentlich«, das wertfrei besagt, dass ein Satz, ein Begriff oder eine Geschichte im Alten Testament zu finden ist, verwenden immer mehr Menschen »alttestamentarisch«.

Auch der aktuelle Online-Duden stellt »alttestamentarisch«
in einen strengen und damit negativ behafteten Kontext und verwendet als Beispiel ausgerechnet ein Zitat aus dem Buch Exodus,
dem zweiten Buch Mose. Hier steht: *Entsteht ein dauernder Schaden,*
so sollst du geben Leben um Leben, Auge um Auge, Zahn um Zahn, Hand um
Hand, Fuß um Fuß, Brandmal um Brandmal, Wunde um Wunde.

Das Gesetz des Alten Testaments war für seine Zeit fortschrittlich und human

Wie das Wort »alttestamentarisch« sind auch die damit verbun-
denen »Grausamkeiten« ein großes Missverständnis. Das zitierte
Gesetz aus dem Buch Exodus ist für heutige Verhältnisse vielleicht
drakonisch. Im historischen Kontext war es jedoch ein großer
Fortschritt in Richtung Humanisierung des Strafrechtes. Dieses
Gesetz schützte den Täter nämlich vor überzogener Bestrafung.
Das maximale Strafmaß entsprach dem angerichteten Schaden.
Nun durfte niemand mehr einen anderen wegen eines Diebstahls
töten.

Auf einem Friedhof in London besuchte ich das Grab einer
bemitleidenswerten Frau. Sie wurde mehr als zweitausend Jahre
nach der Formulierung der alttestamentlichen Gesetze im christlichen England viktorianischer Zeit für den Diebstahl eines Schafes
zum Tode verurteilt und hingerichtet. Die Tat hatte sie aus Liebe zu
ihrem Mann begangen, der wegen desselben Deliktes eine Strafe
in der Gefangenenkolonie in Australien verbüßte. Sie hoffte durch
das gleiche Delikt ebenfalls nach Australien zu kommen und endlich ihren Mann wiederzusehen.

Am Grab dieser Frau stehend, dachte ich an die vergleichs-
weise humanen Rechtsgrundsätze der Bibel. Für einen Sklaven
bedeutete nach alttestamentlichem Gesetz eine Misshandlung
durch seinen Herrn die Freiheit, wenn dieser ihm etwa im Zorn
einen Zahn ausschlug. Das war für die damalige Zeit revolutionär.
Denn hier gilt zum ersten Mal in der Rechtsgeschichte der Sklave

als Person mit dem Recht auf körperliche Unversehrtheit. Wenn sich Männer im Wirtshaus prügelten und einer von beiden verletzt wurde, dann kam das Prinzip »Aug um Aug, Zahn um Zahn« ausdrücklich nicht zur Anwendung. In diesem Fall übernahm der Sieger die Arztkosten für den Unterlegenen. Heute muss der Täter mit einer mehrjährigen Freiheitsstrafe rechnen. Die Arztkosten bezahlt er hingegen nicht. Aufgrund meiner seelsorgerliche Tätigkeit im Gefängnis bin ich felsenfest davon überzeugt, dass die Resozialisierung des Täters eng mit einer unmittelbaren und damit nachvollziehbaren Wiedergutmachung einhergeht. Dazu zählt zum Beispiel die Übernahme etwaiger Folgekosten. Das bloße Einsperren ohne die Konfrontation mit dem Opfer halte ich für wenig zielführend, um ähnliche Taten in Zukunft zu verhindern. Bei Gerichtsverhandlungen ist es aber durchaus üblich, dass der Täter den Gerichtssaal verlassen muss, bevor das Opfer ihn betritt. Für den psychologischen Opferschutz mag das sinnvoll sein. In Bezug auf die Resozialisierung des Täters vertrete ich aber eher die alttestamentliche Sicht der Dinge. Der Täter soll die Verletzung des Opfers wahrnehmen und zu deren Heilung beitragen. Das ist für mich sinnvoller und humaner, als unsere aktuelle Rechtspraxis. Andere alttestamentliche Bestimmungen haben sich bis in die Gegenwart gehalten. Wie unser Strafrecht heute, unterscheidet das Alte Testament zwischen absichtlicher und unabsichtlicher Körperverletzung. Zwischen geplantem Mord und Totschlag ohne Mordabsicht. Es plädiert also für eine differenzierte Betrachtung von Verbrechen und ihren Motiven.

Manche moderne Gesetze ähneln denen des Alten Testaments

Viele Beispiele alttestamentlicher Rechtsprechung sind heute noch schlüssig und nachvollziehbar. *Wenn jemand eine Zisterne aufdeckt ... und es fällt ein Rind oder Esel hinein, so soll der Besitzer der Zisterne mit Geld dem anderen Ersatz leisten, das tote Tier aber soll ihm gehören.*

So eine Lösung ist nicht grausam, sondern sehr pragmatisch. Außerdem entspricht sie dem intuitiven Gerechtigkeitsempfinden der Menschen. Das kann ich anhand eines Beispiels aus dem Religionsunterricht belegen. Ich habe meinen Schülern folgende Rechtssache aus den Gesetzestexten der Bibel vorgestellt: *Wenn jemandes Rind eines anderen Rind stößt, dass es stirbt, so ...*

Die Schüler mussten nun eine stimmige Lösung finden, die beiden Parteien möglichst gerecht wird. Die Jugendlichen kamen mit ihren Lösungsvorschlägen dem alttestamentlichen Gesetz sehr nahe. Dieses lautet: *Wenn jemandes Rind eines anderen Rind stößt, dass es stirbt, so sollen sie das lebendige Rind verkaufen und das Geld teilen, und das tote Tier auch teilen. Ist's aber bekannt gewesen, dass das Rind zuvor stößig gewesen ist, und sein Besitzer hat es nicht verwahrt, so soll er ein Rind für das andere erstatten und das tote Tier haben.*

Ganz ähnliche Regelungen wären auch vor einem modernen Gericht noch möglich. Sie weisen Parallelen zu klassischen Entschädigungsfällen oder außergerichtlichen Vergleichen auf. Insgesamt ist bei den Rechtsvorschriften des Alten Testaments ein Grundsatz von übergeordneter Bedeutung. Es geht um den Schutz der Schwachen, unabhängig von Herkunft, sozialem Status und Geschlecht. Das ist keine »alttestamentarische« Grausamkeit, sondern das Fundament jeglicher Rechtsstaatlichkeit in einem funktionierenden Gemeinwesen.

Die zehn Gebote entsprechen unserem Grundrecht

Neben dem kasuistischen Recht, das Streitfälle im Wenn-Dann-Schema darstellt und die Rechtsmeinung dazu mitteilt, gibt es im Alten Testament auch apodiktische Rechtssätze, nämlich die sogenannten »Zehn Gebote«. Diese stellen in aller Kürze fest: »Du sollst nicht ...« Der hebräische Wortlaut wäre allerdings besser mit »du wirst nicht ...« zu übersetzen. Dieses apodiktische Recht bildet das Grundrecht, auf dem alle anderen Bestimmungen basieren. Statt dem Wenn-Dann-Schema argumentiert es mit einem Weil-

Deshalb-Zusammenhang. Es stellt alle Gebote und Verbote in ein Beziehungsgefüge.

So stellt die Einleitung der zehn Gebote fest: »Weil dein Gott, Jahwe, dich aus der Sklaverei befreit hat, weil Jahwe die Schwachen schützt, weil Jahwe auf der Seite der Unterdrückten steht und den Unfreien die Freiheit erkämpft, darum wirst du, Volk, das von Gott befreit wurde, in Zukunft bestimmte Handlungen unterlassen.«

Zu unterlassen sind in erster Linie Handlungen, die die Lebensmöglichkeiten oder die Freiheit anderer einschränken. Die Grundlage der zehn Gebote in der Bibel ist eine fundamentale Erfahrung Israels. »Jahwe hat uns aus der Sklaverei in Ägypten befreit. Er hat uns durch die Gefahren der Wüste geführt und in ein Land gebracht, wo wir in Frieden und Freiheit leben können. Das verpflichtet uns, allen Bewohnern dieses Landes Frieden und Freiheit zu lassen.«

Anders als in den kasuistischen Wenn-Dann-Rechtssätzen finden sich in den Zehn Geboten keine Strafandrohungen für den Fall der Übertretung. Es braucht auch gar keine Sanktionen, weil die negativen Konsequenzen automatischer Bestandteil der Tat sind. Wer einen anderen in seiner Freiheit beschränkt oder seinen Lebensraum zerstört, auf den fällt es letztendlich selber zurück. Die Strafe ist also ein Automatismus, dem sich kein Täter entziehen kann.

Das Gebot, die Eltern zu ehren, richtet sich an Erwachsene

Am »Elterngebot« lässt sich dieses Prinzip leicht nachvollziehen. Jahrhundertelang wurden Kinder und Jugendliche mit diesem Gebot diszipliniert. Dabei richtet es sich eigentlich an die erwachsenen Kinder betagter Eltern. *Du sollst deinen Vater und deine Mutter ehren, auf dass du lange lebest in dem Land, das dir der Herr, dein Gott geben wird.* Das Gebot richtet sich nicht an aufsässige Teenager, sondern an Erwachsene in den sogenannten besten Jahren. Für die biblischen Nomaden war es nicht selbstverständlich, dass sie ihre Alten mitschleppten, wenn diese das Wegpensum bis zum nächsten Lagerplatz nicht mehr allein schafften. Die Versuchung lag nahe, die Hochbetagten zurückzulassen und sie den wilden Tieren, der sengenden Sonne, dem Hunger und Durst auszuliefern. Dass es sich dabei nicht um familiäre Schwarzmalerei handelt, zeigt eine Gepflogenheit der finnischen Nomaden. Bis zur Christianisierung im 12. Jahrhundert banden sie ihre gebrechlichen Alten auf Schlitten und ließen diese einfach abfahren. Endstation war einer der vielen Seen des Landes, in dem Schlitten und die angebundenen Alten versanken.

Das Elterngebot sagt den erwachsen gewordenen Kindern: »Nimm deine Alten mit. Belaste dich mit ihnen. Dann wirst auch du ein langes Leben haben. Weil deine Kinder sich mit dir belasten werden, wenn du alt wirst.«

Hier spiegelt sich auch der Grundsatz wider, dass für den Verstoß gegen apodiktische Gesetze keine Sanktionen ausformuliert werden müssen, weil sich die Strafe von alleine ergibt. Im konkreten Fall würde das bedeuten, dass erwachsene Kinder durch Ignoranz den Alten gegenüber eine Mentalität in die Familie einführen, die sich irgendwann gegen sie selber richtet. Wer die Alten zurücklässt, wird irgendwann selber zurückgelassen, besagt die biblische Logik.

Zu Unrecht bekamen die Kinder meiner Generation Ohrfeigen, weil sie zum Beispiel frech waren und somit das Gebot, die Eltern zu ehren, angeblich missachteten.

Dabei sagt das Elterngebot lediglich: »Dieses Land trägt genug Früchte, dass alle satt werden. Auch für diejenigen, die nicht mehr arbeiten können. Schau, dass ihnen an nichts fehlt.«

Statt einer Strafandrohung folgt dem Gebot eine Verheißung: *Du wirst lange leben in dem Land, das Gott dir gegeben hat.*

Deine Kinder werden, wenn du nicht mehr deinen Lebensunterhalt erarbeiten kannst, deinem Beispiel folgen und dich auch im Alter versorgen.

Die zehn Gebote richten sich an die Gemeinschaft, nicht an Einzelne

Das »Du« in den zehn Geboten ist nicht das einzelne Individuum. Dieses »Du« richtet sich an das ganze Volk. Es ist ein kollektives Du, das gesellschaftliche Regeln als Schutz- und Freiraum für jedes Individuum festlegt. So heißt auch das fünfte, in der Bibel das sechste, Gebot: »Du sollst nicht morden.«

Die korrekte Wiedergabe des hebräischen Begriffes wäre, dass Du, als Volk, Du, als Regierung, nicht morden sollst. Schade, dass die christlichen Befürworter der Todesstrafe dieses Gebot immer nur auf die Einzelperson beziehen. Aber dem ganzen Volk wird der Mord untersagt. Auch der Justizmord, der aufgrund fehlerhafter Urteile immer wieder passiert.

Die Individualisierung der Gebote hat dazu geführt, dass sie eher als moralische Regeln oder Verbote verstanden werden. Dabei sind die Zehn Gebote soziale Leitplanken und die Grundlage für eine politische Kultur im Staat. Eine Gesellschaft, die diese Grundregeln missachtet, bringt auch über die nachkommenden Generationen schwere Zeiten und eine schlechte Lebensqualität. Das geht bis ins dritte und vierte Glied, also drei bis vier Generationen weit. Eine Gesellschaft, die ihre politische Kultur an den Zehn Geboten ausrichtet, ermöglicht Tausenden ein Leben in Frieden und stabilen Verhältnissen, meint die Bibel.

Einmal im Jahr feiert das Judentum das Fest der Thora, also der biblischen Gesetze. Zu diesem Anlass essen alle süße Speisen. »So wohlschmeckend sind die Gesetze der Bibel«, drückt das Judentum damit aus.

MANCHE REGELN DER BIBEL SIND
BEDEUTUNGSLOS, MANCHE ZEITLOS GÜLTIG

Familie Huber fährt auf Campingurlaub. Nicht auf so einen durch-technisierten, gestylten Campingplatz, sondern »wild«. Irgend-wo draußen, an einem kleinen Bächlein, weit weg von jeder Zivi-lisation, schlagen sie ihr Zelt auf.

Sie legen einen Vorratsbunker an, der den Proviant vor gefrä-ßigen Waldbewohnern schützt. Sie bauen eine waldbrandsichere Feuerstelle und sammeln genug Feuerholz. Zufrieden sitzen sie am ersten Abend ums Lagerfeuer und grillen die mitgebrachten Würstchen. Danach kriechen sie müde in die Schlafsäcke und ver-bringen eine angenehme Nacht. Am nächsten Morgen weckt sie ein menschliches Bedürfnis.

Hoffentlich haben sie ihre Bibel mitgenommen, denn für die-sen Abenteuerurlaub werden sie dort Nützliches finden.

Du sollst draußen vor dem Lager einen Platz haben, wohin du zur Not-durft hinausgehst. Und du sollst eine Schaufel haben, und wenn du dich draußen setzen willst, sollst du damit graben; und wenn du gesessen hast, sollst du zuscharren, was von dir gegangen ist.

Gott ist ein Freund der Hygiene. Er lebt mit den Kriegern Israels im Lager und erwartet dort ein entsprechendes Verhalten in Bezug auf den Stuhlgang und andere menschliche Bedürfnisse, erzählt das fünfte Buch Mose.

Den Essenern, Mönchen eines jüdischen Wüstenordens zur Zeit Jesu, befahlen die Ordensregeln eine ähnliche Hygieneordnung. Zur Grundausstattung jedes Klosterbewohners gehörte eine Schau-fel. Diese hing allzeit bereit am Gürtel der Mönche neben einem Messer und anderen nützlichen Utensilien. Für das ordnungs-gemäße Ausscheiden in freier Natur kann Familie Huber die-se leicht nachvollziehbare Regel der Bibel durchaus gebrauchen. Beim nächsten Campingurlaub nimmt sie bestimmt eine Schaufel mit.

So wichtig die Schaufel für ein hygienisches Leben in freier Wildbahn ist, so wenig braucht Familie Huber das Werkzeug für einen Urlaub in einem Fünf-Sterne-Hotel. In den eigenen vier Wänden geht es ebenfalls ohne Schaufel.

Ich schließe aus den präzisen Anweisungen zu intimen Verrichtungen während des Lebens im Feldlager, dass Gott sich über die Erfindung der Wassertoilette freut.

Die kleine Schaufel hat aber seither im Leben von Mitteleuropäern ausgedient. Auch die Anleitung, die ihren sachgemäßen Einsatz beschreibt, ist längst überflüssig. Insofern hat nicht jede biblische Weisheit zeitlose Allgemeingültigkeit. Der Mensch darf durchaus seinen Hausverstand einsetzen.

Vorbildliche Regeln entlasten die Natur und armutsgefährdete Menschen

Im Gegensatz zur biblischen »Notdurftverordnung« gibt es auch universelle Regeln, die vollkommen kultur- und situationsunabhängig sind. Würde sich die Gesellschaft nach ihnen richten, könnten alle davon profitieren. Viel Elend und soziale Ungerechtigkeit wäre mit einem Schlag aus der Welt geschafft. Aber seltsamerweise ignorieren auch fromme Menschen just diese biblischen Anweisungen. Das Shabbatjahr und das Erlassjahr sind soziales und wirtschaftliches Gedankengut vom Feinsten.

Sechs Jahre sollst du dein Land besäen und seine Früchte sammeln. Aber im siebenten Jahr sollst du es ruhen und liegen lassen, dass die Armen unter deinem Volk davon essen; und was übrig bleibt, mag das Wild auf dem Felde fressen. Ebenso sollst du es halten mit deinem Weinberg und deinen Ölbäumen.

Nicht exzessive Ausbeutung der Naturressourcen, sondern der Natur Ruhe gönnen und gleichzeitig denen ohne Landbesitz eine Ernte ermöglichen, so lautet die biblische Devise. Die Erfahrung lehrt, dass auch auf brachliegenden Feldern, in unbewirtschafteten Weingärten, auf frei wachsenden Ölbäumen Früchte zu finden sind. Wenn landwirtschaftliche Regionen alle sieben Jahre brach lägen und die Armen zur Ernte kommen dürften, was wäre das für ein Fest. Es müssten ja nicht alle Felder, Weinberge und Obstplantagen einer Gegend gleichzeitig das Shabbatjahr halten. Ein Zyklus, bei dem immer nur ein Teil der Flächen »ruht«, brächte immer noch genug Gewinn für die Besitzer der Grundstücke.

Für nicht agrarische Verhältnisse könnte das modellhaft bedeuten, dass ein Unternehmer Waren, die nach sechs Jahren immer noch im Lager liegen, an Bedürftige abgibt. Diese sollen sich aber auch darum bemühen. So, wie die Armen auf dem brachliegenden Feld die Nachlese hielten. Aus biblischer Sicht handelt es sich nicht um ein Almosen, das ihnen erlaubt, aufzusammeln, was übrig geblieben ist. Diese Menschen haben ein Recht darauf und nehmen es in Anspruch. Dazu gehört auch, dass sie etwas dafür tun. Sie müssen sich bücken und sammeln, so, wie es auch die Erntenden vor ihnen gemacht haben. Würde der Wohlfahrtsstaat das Prinzip des Shabbatjahrs adaptieren, ergäbe das eine vollkommen neue Dimension von sozialem Ausgleich.

Radikale Entschuldung hilft den Menschen aus der Schuldenfalle

Noch einschneidender und radikaler ist das Erlassjahr.

Alle sieben Jahre sollst du ein Erlassjahr halten. So aber soll's zugehen mit dem Erlassjahr: Wenn einer seinem Nächsten etwas geborgt hat, der soll's ihm erlassen und soll's nicht eintreiben von seinem Nächsten oder von seinem Bruder; denn man hat ein Erlassjahr ausgerufen dem HERRN ... Es soll überhaupt kein Armer unter euch sein; der HERR wird dich segnen in dem Lande ...

Sechs Jahre soll also ein armer Schlucker seine Schulden abstottern. Im siebenten Jahr wird der Rest erlassen. Das Prinzip des Privatkonkurses hat dieses biblische Motiv aufgenommen. Ein Zahlungsplan regelt die monatliche Rückzahlungsrate über einen Zeitraum von fünf bis sieben Jahren. Der zurückbezahlte Betrag muss mindestens zehn Prozent der Schulden abdecken, bei höherem Einkommen auch mehr. Danach gelten die Schulden als getilgt.

Das moderne Judentum befolgt auch nicht alle biblischen Vorschriften

In der Bibel stehen Anleitungen und Regeln für alle erdenklichen Situationen. Es gibt Vorschriften für das Öl, das in den Leuchtern des Heiligtums brennt, Kleidungsvorschriften für die Priester, Regeln, wie die Schlacht- und Rauchopfer zu vollziehen sind, und so weiter. Das alles hat heute auch im Judentum keine Bedeutung mehr. Diese Regeln betrafen das Jerusalemer Heiligtum. Im Jahr 70 unserer Zeitrechnung zerstörten die Römer diesen einzigen Ort, an dem das Judentum Opferrituale durchführte. Seit damals hat niemand mehr diese Vorschriften befolgt. Das moderne Judentum kennt keine Tempel, wie sie die Bibel beschreibt.

Der Umgang mit der Bibel ist ebenso zeitgebunden, wie der Umgang mit jedem anderen Buch. Manchmal behaupten allzu fromme Menschen, sie würden alle Regeln der Bibel beachten. Ich frage dann gerne, ob es denn in ihrer Wohnung eine wassergespülte Toilette oder ein Schaufelchen, wie oben beschrieben, gibt.

FRAUEN UND MÄNNER SIND EBENBÜRTIG

Am Muttertag des Jahres 1982 führte ich mit meinem damals fünfjährigen Sohn folgendes Gespräch.

»Zieh Gummistiefel an, es regnet«, sagte ich.

»Ich mag die Sandalen anziehen«, erwiderte mein Sohn.

»Nein, es regnet, du kriegst nasse Füße.«

»Ich will die Gummistiefel nicht anziehen.«

»Wenn es nicht mehr regnet, kannst du die Sandalen anziehen.«

Nun wurde mein Sohn laut. »Ich zieh die Gummistiefel nicht an«, brüllte er.

»Du tust, was ich sage. Ich bin hier der Chef«, antwortete ich ebenfalls laut.

Nun wurde mein Sohn ganz ruhig. »Das geht nicht«, sagte er, »du bist eine Frau. Frauen können nicht Chef sein.«

Mein Sohn kannte nur mich als sogenanntes Oberhaupt der Familie. Sein Vater war kurz nach seiner Geburt bei einem Unfall ums Leben gekommen. Seit dieser Zeit organisierte ich alle Angelegenheiten der Familie. Und jetzt das. Ich war sprachlos, stopfte den protestierenden Junior in die Gummistiefel und eilte in meine damalige Kirche, wo ich anlässlich des Muttertages zu predigen hatte. Von der Kanzel erzählte ich diese Geschichte. Alle lachten.

Der Mann ist der Chef. Diese Meinung war in den 1980er-Jahren noch so weit verbreitet, dass sie mein Sohn einfach übernommen hatte, obwohl seine Lebenswirklichkeit ganz anders aussah.

Mann und Frau sind nur gemeinsam das Abbild Gottes

Bereits die Seite zwei der hebräischen und auch der deutschen Bibel widerspricht dem Bild vom »männlichen Chef«:

Gott schuf den Menschen zu seinem Bilde, zum Bilde Gottes schuf er ihn; und schuf sie als Mann und Frau. Und Gott segnete sie und sprach zu ihnen: Seid fruchtbar und mehret euch und füllet die Erde und macht sie euch un-

tertan, und herrscht über die Fische im Meer und über die Vögel unter dem
Himmel und über das Vieh und über alles Getier, das auf Erden kriecht.

Der Mensch ist also nur gemeinsam, als männliche und weibliche Ausgabe, das Ebenbild Gottes. Weder Mann noch Frau repräsentieren Gott alleine gegenüber der Schöpfung.

Auch den Auftrag, über die anderen Geschöpfe zu »herrschen«, richtet Gott an Mann und Frau gemeinsam. Davon, dass der Mann gleichzeitig über die Frau herrschen soll, ist nicht die Rede. Wenn also der Mann über die Frau bestimmt, sei es in einer Beziehung, am Arbeitsplatz oder auch in der Kirche, entspricht das nicht dem biblischen Bild der Geschlechterrollen. Wird so eine hierarchische Schieflage zur Norm erhoben, ist das nicht schöpfungsgemäß, sagt dieser biblische Text, der im sechsten vorchristlichen Jahrhundert entstanden ist. Die Menschheit hätte also mehrere tausend Jahre Zeit gehabt, das zur Kenntnis zu nehmen. Ein einziger Hinweis auf die Ebenbürtigkeit von Mann und Frau mag für manche noch zu wenig sein. Die Bibel erzählt aber einiges mehr zu diesem Thema.

Auch Frauen kämpfen und führen Kriege

Kriegsführung ist traditionell Männersache. Das Buch der Richter erzählt von den kriegerischen Auseinandersetzungen mit den Nachbarvölkern in der Frühzeit Israels. Die damaligen Heerführer bekleideten nicht nur eine militärische Funktion. Sie waren auch »Richter«. Ihre zivilen Aufgaben bestanden darin, Recht zu sprechen, Streit zu schlichten und Lebenshilfe zu geben. In regelmäßigen Abständen nahm der Richter an einer bestimmten Stelle im Freien Platz. Die Leute besuchten ihn und trugen ihre Anliegen und Bitten vor. Im ganzen Land Israel gab es immer nur einen einzigen Richter. Dieser bekleidete eine bedeutende Position und war die Respektsperson schlechthin. Der Richter bekam seinen Auftrag unmittelbar von Gott Jahwe. Zur Zeit des feindlichen Königs Jabin, der Israel immer wieder angriff, beauftragte Gott die Richterin Deborah.

Sie hatte ihren Sitz unter der Palme Deborahs zwischen Rama und Bethel auf dem Gebirge Ephraim. Und die Israeliten kamen zu ihr hinauf zum Gericht.

So selbstverständlich, wie die Menschen die Dienste ihres männlichen Vorgängers in Anspruch genommen hatten, wandten sie sich nun an die Frau. In der Auseinandersetzung mit dem feindlichen König bestellte Deborah einen Feldherrn. Er machte seine Teilnahme davon abhängig, ob sie mit ihm mitziehen würde oder nicht. Ohne Deborah an seiner Seite fand der Mann das Unterfangen zu unsicher. Deborah wies ihn darauf hin, dass er nicht mit dem Ruhm rechnen dürfe, den feindlichen König getötet zu haben. So geschah es auch. Unter Deborahs Führung vernichtete Israel das Heer Jabins. Der König entkam als Einziger und flüchtete ins Zelt einer Frau namens Jael. Erschöpft schlief er dort ein, nachdem sie ihm Milch zu trinken gegeben hatte. Jael tötete den Schlafenden mit einem Pflock, den sie durch seine Schläfe schlug. Zwei Frauen, Deborah und Jael, besiegten also den übermächtigen Feind Israels, und zwar in Gottes Namen. Anschließend sangen Deborah und ihr Feldherr Barak ein kleines Lied im Duett. Es wird der musikalische Auftakt zu vierzig friedvollen Jahren unter der Leitung der Richterin Deborah.

In Israel gab es auch früher schon weise Frauen

Das Alte Testament kennt viele Propheten, allesamt weise Männer, die in guten wie in schlechten Zeiten Gottes Wille kundtaten. Oft redeten sie vergeblich gegen den Zeitgeist an. Die von ihnen Kritisierten reagierten zuweilen erbost und gewalttätig.

In Israel wirkten aber auch weise Frauen, erzählen die Bücher Samuels. Sie genossen Respekt quer durch alle gesellschaftlichen Schichten und wurden vom Königshof konsultiert. Manche erhielten politisch hochsensible Aufträge. So sollte »die weise Frau von Tekoa« den König David veranlassen, seinen ins Exil geflüchteten Sohn zurückzuholen und den Zwist mit ihm zu beenden.

Die weise Frau von Abel-Beth-Maacha intervenierte in einer Kriegssituation. Sie verhandelte mit Feldherrn und vereinbarte mit ihnen die Bedingungen für einen Abzug. Danach holte sie sich die Zustimmung der Bewohner. Sie agierte als Vertrauensperson der Belagerten. Heute wäre sie wohl Bürgermeisterin der Stadt oder Vorsitzende des Gemeinderates.

Auch im Neuen Testament stehen Frauen und Männer gleichwertig nebeneinander

Das Neue Testament nennt nicht nur Jünger, sondern auch Jüngerinnen Jesu. Lukas widmete ihnen sogar eine eigene Liste, so wie die männlichen Anhänger in Listen aufgezählt werden. Auch wenn Überschriften nicht zum biblischen Grundtext gehören, erzählen sie in späteren Ausgaben eindrucksvoll von der Sichtweise der Herausgeber. »Die Jüngerinnen Jesu« überschreibt die Lutherbibel diesen Abschnitt. Dazu kann sich die katholische Einheitsübersetzung nicht durchringen. »Frauen im Gefolge Jesu« steht dort.

Diese Frauen standen aber nicht nur »im Gefolge Jesu«. Sie waren nicht irgendwelche Sympathisantinnen. Lukas sagt, sie wären mit den »Zwölf« rund um Jesus mitgezogen. Das weist darauf hin, dass die Frauen zum innersten Kreis gehörten. Maria aus Magdala, Johanna, die Frau des Chuzas, und Susanna nennt Lukas beim Namen. Dann fügt er noch hinzu: *Und viele andere, die ihnen dienten mit ihrer Habe.*

Es ist kein Zufall, dass Maria Magdalena an erster Stelle auf dieser Liste aufscheint. Sie begründete mit Petrus, Jakobus und einigen anderen Männern die Jesus-Bewegung. Spätere, außerbiblische Evangelien, betonen mehr noch als die kanonischen Schriften Maria Magdalenas Bedeutung und ihre Beziehung zu Jesus. Den Höhepunkt bildet das Philippusevangelium aus dem 4. oder 5. Jahrhundert, das Maria Magdalena als Lebensgefährtin Jesu bezeichnet.

Diese Maria von Magdala ist für männliche Bibelausleger seit jeher ein Problem. In ungewöhnlicher Einmütigkeit bezeichnen alle vier Evangelien die Frau aus Magdala als erste Zeugin der Auferstehung. Alle anderen Namen variieren von Bericht zu Bericht. Nur Maria Magdalena ist eine unumstößliche Konstante. Noch vor Petrus, noch vor Johannes empfing sie die Botschaft: *Er ist nicht hier, er ist auferstanden.* Sie zur Hure zu stempeln war das Mindeste, was die Bibelexegeten tun konnten, um sie als Apostolin in Verruf zu bringen und ihre Bedeutung klein zu reden.

Schon bald gab es weibliche Amtsträgerinnen in der Christenheit

Zu den frühesten Zeugen weiblicher Amtsträgerinnen in den christlichen Gemeinden gehört der Brief des Paulus an die Gemeinde in Rom aus dem Jahr 55/56. Paulus spricht am Schluss des Briefes eine Empfehlung für eine Diakonin namens Phöbe aus, die demnächst nach Rom kommen würde. Sie übte das Amt in der Gemeinde Kenchreä bei Korinth aus und wird von Paulus »Vorsteherin« genannt.

Noch bedeutender ist Junia. Ihr Ehemann hieß Andronikus. Gemeinsam wirkte das Ehepaar als Apostolin und Apostel. Paulus spricht von den beiden mit allergrößter Hochachtung und nennt sie »hervorragend unter den Aposteln«.

In der alten Kirche hatte man mit der Tatsache, dass eine Frau Apostolin und eine wichtige Persönlichkeit innerhalb der christlichen Gemeinde sein konnte, kein Problem. Spätere Übersetzungen machten jedoch aus dem weiblichen Namen Junia den männlichen Namen Junias. Diesen Namen hat es in der Antike aber gar nicht gegeben. Diese Erkenntnis gilt für die Bibelwissenschaft seit Längerem als gesichert. Dennoch bezeichnen auch neuere Übersetzungen die beiden immer noch als »Brüder« des Paulus. Die »Bibel in gerechter Sprache« hat hier nun eine Übersetzung vorgelegt, die Junia endlich wieder eine Frau sein lässt.

Es gab Gemeindeleiterinnen und Gemeindeleiter

In der jungen Kirche versammelten sich die Christen in Hausgemeinden. Wohlhabende Mitglieder stellten ihr Haus zur Verfügung. Dort kamen die Mitglieder der Gemeinde, Männer und Frauen, Freie und Sklaven zum Gottesdienst und auch zu anderen Aktivitäten zusammen. Der jeweilige Besitzer, egal, ob Mann oder Frau, stand der Gemeinde vor. Die allererste christliche Hausgemeinde, und damit die erste Gemeinde auf europäischem Boden, leitete eine Frau. Lydia, eine begüterte Purpurhändlerin in Philippi, hörte eine Predigt des Paulus. *Der Herr tat Lydia das Herz auf.* Sie ließ sich mit ihrem Haus taufen. Das bedeutete, dass der ganze große Haushalt inklusive aller Sklaven, Mitarbeiter und deren Kinder die Taufe empfingen. Danach stellte sie ihr Haus der jungen Gemeinde als Versammlungsort zur Verfügung.

Paulus war kein Frauenfeind

Gerne wird der Apostel Paulus wegen eines kernigen Sagers im Korintherbrief als Frauenfeind dargestellt: *Die Frauen schweigen in der Gemeindeversammlung,* steht im ersten Korintherbrief.

Die Wissenschaft, die sich mit dem Neuen Testament auseinandersetzt, ist allerdings der Meinung, dass dieser Einwurf später hinzugefügt wurde. In alten Handschriften fehlt Paulus frauenfeindlicher Ausspruch. Es ist sehr wahrscheinlich, dass Paulus rein gar nichts gegen die Vorsteherin Lydia und andere Frauen in führenden Positionen einzuwenden hatte. Auch das Judentum verbat Frauen zurzeit des Paulus nicht, in der Öffentlichkeit das Wort zu ergreifen.

Die untergeordnete Rolle der Frau ist ein reines Politikum

Mann und Frau sind einander ebenbürtig, so steht es in der Bibel. Jahrhundertelang haben männliche Ausleger die Geschichten von der Schöpfung ausgenutzt, um die Vorherrschaft des Mannes und die Minderwertigkeit der Frau theologisch und religiös zu argumentieren. Sie haben aus der allgemeinen Rede über den Menschen ein erstes Menschenpaar gemacht. Anhand dieses Paares wurde die Minderwertigkeit der Frau auf allen Ebenen nachgewiesen.

Er sei zuerst da gewesen. Sie erst später dazugekommen. Darum habe er auch den Vorrang in der Welt. Aus einem kleinen Teil des Mannes sei sie entstanden. Er sei das Original. Sie nur der Abklatsch. Dass beide in der biblischen Geschichte gemeinsam aus zwei gleichen Teilen des ersten Adam geschnitten wurden, ignorierten die männlichen Ausleger. Dort, wo die biblischen Schriften Frauen gleichwertig neben den Männern nennen, veränderten Herausgeber und Übersetzer mit kleinen Eingriffen das Original. Ein einziger Buchstabe genügte, um aus einem Frauennamen einen frei erfundenen Männernamen zu machen.

Dass die Strategie der stetigen Vermännlichung Erfolg hatte, zeigt die kleine Geschichte von meinem Sohn. »Frauen können nicht Chef sein.« Biblische Frauengestalten wie Deborah, Jael, Junia und Lydia beweisen das Gegenteil.

HERRSCHENDE GEHÖREN KRITISIERT

Als ich 1970 auf Besuch in der damaligen DDR war, gab es strenge Grenzkontrollen. Bei der Einreise fragte der Grenzer: »Haben Sie Bibeln, Waffen oder pornografische Literatur dabei?« In dieser Reihenfolge. Waffen und Pornografie hatte ich nicht mit. Aber meine Bibel hatte ich dabei. Daraufhin mussten wir zur Seite fahren und uns selbst und das Auto einer stundenlangen Untersuchung unterziehen.

Die Bibel ist herrschaftskritisch. Sie ruft zum Widerstand auf. An manchen Stellen karikiert sie menschliche Macht. Diktaturen und Diktatoren aller Zeiten fürchten ihren Inhalt.

Wen der Teufel reitet, der macht eine Volkszählung

Von der ersten großen Volkszählung in Israel berichtet die Bibel lapidar: Der Teufel hat den König David geritten, sodass er Israel zählen ließ. Der König will also wissen, über wie viele Menschen er herrscht. Die Größe seiner Macht kann er daran ermessen.

Joab, der Berater des Königs, erhebt Einwände. Ob es hunderttausend mehr oder weniger seien, was bedeute das? Alle im Land lägen doch dem König zu Füßen. David wäre doch sowieso weit und breit der mächtigste Herrscher. Alle würden ihn und achten.

Weil aber der König darauf beharrt, führt Joab schließlich als treuer Untergebener die Volkszählung durch. Dabei manipuliert er sie gekonnt. Zwei Provinzen lässt er stillschweigend aus. Deren Einwohner zählt er nicht mit. Als Ergebnis legt Joab seinem König die gefälschten Zahlen vor. Dessen Machtbereich wirkt somit kleiner, als er tatsächlich ist. David kommt nie dahinter. Davids Größenwahn und Herrschsucht wird von einem Untergebenen gekonnt gestutzt. Die Bibel findet das gut.

Gott ist über das Unternehmen Volkszählung empört, berichtet das Buch der Chronik. David kann schwerwiegende Folgen von sich abwenden, indem er an einem öffentlichen Ort einen Altar errichtet und für Gott vor aller Augen ein Opfer bringt. Damit anerkennt der König öffentlich Gottes Herrschaft über sich. Gott ist der eigentliche König. David nur ein kleiner Beauftragter, signalisiert das Opfer allen Untertanen. Die geliehene Macht beruht nicht auf Davids persönlicher Größe, sondern auf Gottes Legitimation. Wenn Gott ihm den Auftrag, König zu sein, wieder entzieht, ist alles vorbei. Diese öffentliche Aktion korrigiert die überhebliche Haltung des Königs, freut sich die Bibel.

Das Lukasevangelium berichtet in knappen Worten von einer Volkszählung, die der römische Kaiser Augustus anordnen ließ. Die hochschwangere Maria muss mit ihrem Mann Josef den beschwerlichen Weg von Nazareth nach Bethlehem gehen, um sich dort in die aufliegende Liste einzutragen. Josefs Familie stammte nun einmal aus Bethlehem. Alle Historiker sind sich einig, diese Volkszählung hat nie stattgefunden. Lukas verwendet sie als Stilmittel. Der Hinweis auf eine Volkszählung, die das gesamte Römische Reich, die ganze damals bekannte Welt umfasst, genügte. Die Leser des Lukasevangeliums wussten nun, was für ein Kaliber Kaiser Augustus war. Machtgierig, überheblich, brutal. Dem biblischen Gott ein Dorn im Auge. So umging Lukas geschickt die römische Zensur, denn in den Augen der Herrschenden bedeutete eine Volkszählung für den Kaiser nichts Negatives.

Macht gehört aufgeteilt

Die Bibel ist durchgehend herrschaftskritisch. Die Anfänge des Volks Israel zeichnen sich durch kollektive Leitung aus. Der Geist Gottes liegt zuerst ausschließlich auf Mose, dem alleinigen Anführer des Volks. Dies bewährt sich nicht. Mose leidet an Überlastung und Burnout. Daraufhin verteilt sich Gottes Geist auf siebzig Männer. Ab nun leiten sie gemeinsam mit dem entmachteten Mose die Belange des wandernden Gottesvolks. Diese Maßnahme bewährt sich. Mose ist auch zufrieden.

Wer nichts kann, will herrschen

Vor allem im Alten Testament finden sich scharfe Aussagen gegen menschliche Herrschaftsgelüste. Ein unmissverständlich kritisches Bild zeichnet die Fabel von Jotam im Buch der Richter.

Abimelech, einer von siebzig kollektiv Herrschenden einer Sippe, schlägt die Errichtung eines monarchischen Königtums vor. Es sei besser, dass einer herrsche als siebzig, argumentiert er und bringt kurzer Hand alle anderen Mitregierenden um. Nur einer entkommt. *Es blieb aber übrig Jotam, der jüngste Sohn Jerubbaals; denn er hatte sich versteckt.* Nach den Morden lässt sich Abimelech in Sichem zum König krönen.

Anlässlich dieser Zeremonie verlässt der überlebende Jotam sein Versteck und begibt sich zu dem Ort der Inthronisation. Dort erzählt er furchtlos und öffentlich folgende Fabel: *Die Bäume gingen hin, um einen König über sich zu salben, und sprachen zum Ölbaum: Sei unser König! Aber der Ölbaum antwortete ihnen: Soll ich meine Fettigkeit lassen, die Götter und Menschen an mir preisen, und hingehen, über den Bäumen zu schweben?*

Da sprachen die Bäume zum Feigenbaum: Komm du und sei unser König! Aber der Feigenbaum sprach zu ihnen: Soll ich meine Süßigkeit und meine gute Frucht lassen und hingehen, über den Bäumen zu schweben?

Da sprachen die Bäume zum Weinstock: Komm du und sei unser König! Aber der Weinstock sprach zu ihnen: Soll ich meinen Wein lassen, der Götter und Menschen fröhlich macht, und hingehen, über den Bäumen zu schweben?

Da sprachen alle Bäume zum Dornbusch: Komm du und sei unser König!

Und der Dornbusch sprach zu den Bäumen: Ist's wahr, dass ihr mich zum König über euch salben wollt, so kommt und bergt euch in meinem Schatten; wenn nicht, so gehe Feuer vom Dornbusch aus und verzehre die Zedern Libanons.

Der König in dieser Fabel *schwebt* über den Bäumen, also über seinen Untertanen. Klarer kann eine Fabel nicht ausdrücken, wie abgehoben Alleinherrscher sich verhalten. Jotam macht mit seiner

Geschichte deutlich, dass nicht die Besten ein Herrscheramt anstreben. Wer etwas Vernünftiges zuwege bringt, wie ein Ölbaum, ein Weinstock oder ein Feigenbaum, hat eine sinnvolle und befriedigende Aufgabe und nimmt diese ernst. Abgehobene Macht interessiert so jemanden nicht. Wer eine Machtposition sucht, ist nach dieser Geschichte kritisch zu betrachten, weil er möglicherweise im normalen Leben absolut nutzlos und verzichtbar ist. Wie ein Dornbusch eben.

Schärfere Kritik an der herrschenden Schicht kann ich mir nicht vorstellen. Ganz offensichtlich sind sie ja die unproduktivsten, die nutzlosesten in der Gesellschaft der Bäume. Vergleichbar nur mit dem Dornbusch, der zu nichts taugt.

Maria singt ein Lied gegen die Herrschenden

Auch das Neue Testament äußert sich herrschaftskritisch. Maria, die Mutter Jesu, singt ein Lied und preist damit Gott: *Er stößt die Gewaltigen vom Thron und erhebt die Niedrigen.* Nicht die Untertanen, die Beherrschten, führen den Umsturz herbei. Gott selber sorgt dafür, dass die abgehobenen Mächtigen wieder am Boden landen. Gott lässt Büsche und Bäume nicht in den Himmel wachsen. Auch nicht die Dornbüsche unter ihnen.

In der christlichen Gemeinde soll keiner höher stehen als die anderen

Nicht nur in Bezug auf die Politik und die weltlichen Verhältnisse äußert sich die Bibel kritisch über menschliche Macht. Auch in der Kirchengemeinde soll keiner über andere herrschen.

Machtkämpfe und Herrschaftsgelüste gab es bereits unter den Jüngern Jesu und später in den ersten Gemeinden, berichtet das Lukasevangelium.

Es erhob sich auch ein Streit unter den Jüngern, wer von ihnen als der Größte gelten solle. Jesus aber stellt klar: *Die Könige herrschen über ihre Völker, und ihre Machthaber lassen sich Wohltäter nennen. Ihr aber nicht so! Sondern der Größte unter euch soll sein wie der Jüngste und der Vornehmste wie ein Diener.*

Matthäus erzählt, dass die Mutter zweier Brüder Lobbying bei Jesus betreibt. Sie bemüht sich um eine Sonderstellung ihrer Söhne im Herrschaftsbereich Jesu. Johannes und Jakobus wären ihm immer treue Jünger gewesen. Darum solle er ihnen doch bitte Ehrenplätze in seinem Reich reservieren. Ganz oben, rechts und links von ihm, soll er sie platzieren. Die anderen Jünger bemerken diesen Versuch, Sonderstellungen für zwei von ihnen auszuhandeln, und sind empört. Jesus weist dieses Ansinnen nachdrücklich zurück.

Als ihn die Machtkämpfe um eine Vorrangstellung innerhalb der Jünger besonders nerven, stellt Jesus seinen Leuten ein Kind als Beispiel hin. Nur Menschen, die so machtlos wie Kinder sind, haben einen Platz im Gottesreich, gibt er ihnen zu verstehen. Bei den Kindern, die für das Reich Gottes prädestiniert sind, geht es nicht um angebliche kindliche »Unschuld«, wie manche Exegeten meinen. Die absolute Machtlosigkeit der Kinder in biblischer Zeit gilt als Vorbild für die machthungrigen Anhänger Jesu. Zu seiner Zeit und noch lange danach gab es keine Kinderrechtskonvention und keine Kinderschutzeinrichtungen. Wie Sklaven waren sie der Willkür Erwachsener ausgeliefert.

Unmissverständlich zeigen die Evangelien, in der christlichen Gemeinde, in der Nachfolge Jesu, soll niemand den Primat haben. Alle stehen auf einer Stufe. Keiner steht näher zu Gott oder Jesus als andere.

Das kirchliche Brauchtum benutzt ein Jesuswort um Macht darzustellen

Ein anderes Jesuswort zum Thema Macht und Vorrangstellung prägt das kirchliche Brauchtum bis heute. Anlässlich einer Einladung zum Essen sagt Jesus: *Wenn du von jemandem zur Hochzeit geladen bist, so setze dich nicht obenan; denn es könnte einer eingeladen sein, der vornehmer ist als du, und dann kommt der, der dich und ihn eingeladen hat, und sagt zu dir: Weiche diesem!, und du musst dann beschämt untenan sitzen. Sondern wenn du eingeladen bist, so geh hin und setz dich untenan, damit, wenn der kommt, der dich eingeladen hat, er zu dir sagt: Freund, rücke hinauf! Dann wirst du Ehre haben vor allen, die mit dir zu Tisch sitzen. Denn wer sich selbst erhöht, der soll erniedrigt werden; und wer sich selbst erniedrigt, der soll erhöht werden.*

Bei besonders feierlichen Veranstaltungen aller Konfessionen geht die bedeutendste Persönlichkeit im langen Zug der Einziehenden an letzter Stelle. Ganz nach der Anweisung Jesu ziehen die unbedeutenden Personen zuerst ein. Sie bekommen den Vortritt. Aber alle Anwesenden wissen, dass der Erste in der Reihe unbedeutend ist. Der Hochstehende kommt zuletzt. Gleich nach dem Einzug lässt sich die in der Hierarchie bedeutendste Person auf einem besonders hervorgehobenen Platz nieder. Der unbedeutende Erste beim Einzug sitzt irgendwo. Eigentlich, so sagt Jesus, stünde diesem der Thronsessel zu.

Mit der Zeit haben sich in allen großen Kirchen flachere oder steilere Hierarchien entwickelt. Die vom Neuen Testament geforderte Gleichheit der Christen verwirklichen die Organisationsstrukturen in keiner Weise.

LIEBE ZWISCHEN MÄNNERN IST OKAY

Die Bibel ist voller Liebesgeschichten. Die Liebe in der Bibel hat jedoch viele Gesichter. Männer verlieben sich in Frauen und Frauen in Männer. Und auch von der Liebe zwischen Männern ist die Rede.

Es gab einen Jünger, den Jesus besonders lieb hatte

Unter den Jüngern Jesu gab es einen, dessen Namen das Johannesevangelium nicht nennt. Seine Position ist anders als die der übrigen. Das Evangelium nennt ihn den Jünger, *den Jesus liebte*. Das hier verwendete Imperfekt drückt im griechischen Original die dauernde Liebesbeziehung aus. Beim gemeinsamen Essen lag der Geheimnisvolle *an der Brust Jesu*. Bei feierlichen Mahlzeiten lagerten die Speisenden um einen niedrigen Tisch. Mit der linken Hand stützten sie sich. Mit der Rechten aßen sie. Dieser unbekannte Jünger liegt mit engem Körperkontakt an Jesu rechter Seite. Über die Identität des Mannes spekulieren Theologen und Nichttheologen seit den Tagen der Alten Kirche. Manche meinen, er sei der vom Tod auferweckte Lazarus. Andere sehen in ihm den Evangelisten Markus. Wieder andere einen Presbyter und Leiter in der frühen Kirche namens Johannes. Die Ausleger rätseln bis heute.

Diese Männerliebe zwischen dem namenlosen Lieblingsjünger und Jesus hat aus der Sicht des Evangelisten Johannes nichts Anrüchiges. Aus der Sicht des Jüngers Petrus sieht die Sache etwas anders aus. Ganz offensichtlich stehen die beiden, der Lieblingsjünger und Petrus, in einem Konkurrenzverhältnis. Zu einer beinahe lächerlichen Situation kommt es am Ostermorgen. Maria Magdalena bringt die Kunde vom leeren Grab zu den trauernden Jüngern. Daraufhin liefern sich Petrus und der Lieblingsjünger einen Wettlauf zu dem Bestattungsort. Der Jünger, *den Jesus lieb hatte*, gewinnt das Rennen. Er schaut in das offene Grab, sieht die ordentlich zusammengelegten Tücher, in die der Tote eingewickelt war, geht aber nicht hinein. Petrus erreicht später das Grab, bückt sich und betritt als Erster das leere Grab. Jeder ist auf seine Weise Sieger. Der Wettkampf geht unentschieden aus.

Die Bibel schweigt über nähere Einzelheiten der Beziehung zwischen Jesus und dem Namenlosen. Ganz eindeutig gab es aber einen Mann, mit dem Jesus vor allen nahen und exklusiven Körperkontakt hatte. Das zeigt, wie unverkrampft die Bibel mit engen Beziehungen zwischen Männern umgeht.

Männerliebe kann glücklicher machen als Frauenliebe

Die berührende Geschichte einer Männerliebe erzählt das Alte Testament. Jonathan ist ein Prinz, Sohn und Erbe des Königs. David ist ein Hirtenjunge. Die beiden werden Freunde. Von Jonathan, dem Königssohn, sagt das erste Buch Samuel: *Es verband sich das Herz Jonathans mit dem Herzen Davids, und Jonathan gewann ihn lieb wie sein eigenes Herz.*

Die beiden schließen einen Treuebund. Aber König Saul, der Vater des Prinzen, ist gegen diese Freundschaft. Er misstraut dem Hirtenjungen. Er vermutet, dass David einen Umsturz plant und statt Saul König werden will. Darum trachtet der König dem jungen Mann nach dem Leben. Immer wieder beweist David, dass er ein treuer Gefolgsmann Sauls ist. Mehrfach hätte er die Möglichkeit zum Königsmord und nimmt sie nicht wahr. Saul aber verharrt in seiner feindseligen Haltung.

Prinz Jonathan hält treu zu seinem Freund. Auch des Vaters Zorn kann ihn nicht abhalten. Jonathan verrät David alle Pläne des Königs. So kann David erfolgreich den Mordanschlägen Sauls ausweichen und sich rechtzeitig in Sicherheit bringen. Das bleibt dem König nicht verborgen. Es kommt zu einem heftigen Streit zwischen Vater und Sohn. Jonathan aber hält den Bund aufrecht, den er mit David geschlossen hat. Eines Tages ziehen der König und seine Söhne in einen Krieg. Saul verliert die entscheidende Schlacht und begeht Selbstmord. Seine Söhne fallen in der Schlacht. Auch Jonathan stirbt. Als David davon erfährt, klagt er vor allen Leuten: *Es ist mir leid um dich, mein Jonathan, ich habe große Freude und Wonne an dir gehabt; deine Liebe ist mir wundersamer gewesen, als Frauenliebe ist.*

Das Wort, das hier in der hebräischen Bibel für Liebe steht, bezeichnet die Liebe zwischen Mann und Frau. Das daraus abgeleitete Hauptwort bedeutet »Liebhaber«. Und die *Freude und Wonne*, die David in dieser Freundschaft empfunden hat, war die eines Liebhabers, so das hebräische Lexikon.

Der Erzähler dieser Geschichte wählte seine Worte wohl äußerst bedachtsam, um die Beziehung zwischen David und Jonathan zu beschreiben. Er findet offenbar nichts daran, dass Liebe zwischen Männern *wundersamer als Frauenliebe* sein kann.

Tempelprostitution ist keine Männerliebe

Freilich finden sich in der Bibel, im Alten und im Neuen Testament, auch andere Aussagen in Bezug auf Männerliebe und homosexuelle Praktiken. Im Zusammenhang mit dem heidnischen Tempelkult gab es an manchen Orten institutionalisierte, heterosexuelle oder homosexuelle, Tempelprostitution. Diese hat vor allem Paulus heftig kritisiert. Im Alten Testament bedeutete die Teilnahme an jeder Form von heidnischem Tempeldienst den Abfall vom Jahwe-Glauben und galt als Verbrechen. Kein Wunder, dass die biblischen Texte das Phänomen der heidnischen Tempelprostitution heftig ablehnen. Daraus leiten manche Ausleger das generelle Verbot homosexueller Beziehungen in der Bibel ab. Besonders fundamentalistische Gruppen steigern sich zuweilen in einen unverständlichen Hass gegen gleichgeschlechtlich Liebende hinein. Die Geschichte von David und Jonathan zeigt das Gegenteil. Auch die Beziehung zwischen Jesus und dem namenlosen Lieblingsjünger lässt Raum für Interpretationen. Weibliche Homosexualität haben die biblischen Schriften übrigens nicht im Blick. Ich gehe aber davon aus, dass die Liebe zwischen Frauen genauso okay ist wie die Liebe zwischen Männern.

Insgesamt sagen die biblischen Schriften nichts über Homosexualität, wie sie heute gelebt und verstanden wird, so wie sie auch nichts über Elektrizität und Fernsehen sagen.

RELIGIÖSE EIFERER SIND BURNOUTGEFÄHRDET

Der Begriff »Burnout« ist noch relativ jung. Vor fünfzig Jahren war er gänzlich unbekannt. Die Geschichte des Propheten Elia im Alten Testament skizziert die Symptome des Burnouts. Kompromisslos folgte er seiner religiösen Linie. Unbeirrt hielt er an seinem eher erschreckenden Gottesbild fest. Der Gott, für den er eintrat, war tödlich wie ein Erdbeben, mörderisch wie ein Orkan, gefährlich wie eine Feuersbrunst.

Auch Propheten brannten aus

Im Land Israel herrschte verheerende Dürre. Die darauffolgende Hungersnot traf die gesamte Bevölkerung. Den großen König Ahab und seine Frau Isebel ebenso wie die kleinen Tagelöhner. Das ist kein Zufall. Der König und die Königin hatten alle Propheten und Gottesmänner des unsichtbaren Gottes Jahwe, alle Vertreter seiner Religion getötet. Der offizielle Glaube im Land war nun der Götzendienst, die Anbetung von Statuen und Bildern. Als Strafe Gottes kam die große Dürre über das Land, erzählt das erste Buch der Könige.

Elia hatte als einziger Vertreter des alten Glaubens die Verfolgung überlebt. Im Haus einer armen Witwe versteckte er sich vor dem König, der auch ihn und damit den letzten verbliebenen Propheten der abgeschafften Religion umbringen wollte. Wegen der Hungersnot hatte Elias Gastgeberin bald das letzte Mehl und den letzten Tropfen Öl im Haus verbraucht. Für sie und ihren Sohn stand nun Hunger auf der Tagesordnung. Ihnen drohte wie vielen anderen im Land der Tod. Als Prophet des biblischen Gottes tat Elia ein Wunder. Das Mehl im Topf und das Öl im Krug gingen im Haus der armen Witwe nicht mehr aus. Topf und Krug blieben stets gefüllt, auch wenn sie etwas davon zum Kochen verwendete. Mit diesem Wunder gab Elia seine Identität preis und gefährdete sich selbst. Der Zwang, sich zu beweisen, war stärker als seine Vorsicht.

Der erste Schritt ins Burnout war getan. Obwohl die Witwe nun ohne Sorgen ihre kleine Familie ernähren konnte, dankte sie es dem Propheten nicht. Ihr Sohn erkrankte lebensgefährlich. Die Mutter glaubte, Elia sei an der Krankheit schuld. Diese kam ihr wie eine Strafe der neuen Götter vor. Indem sie den Vertreter der früheren Religion schützte, hatte sie sich gegen die neuen Götter gestellt, die sich nun bitter rächten. Nun wollte die Mutter Elia nicht länger verstecken und schickte ihn fort. Statt der Aufforderung der Frau zu folgen, heilte Elia den Sohn mit großem Kraftaufwand. Er flehte Gott an, ja er bedrängte ihn, das Kind zu heilen. Elia vermehrte seine Anstrengungen, als Prophet wahrgenommen zu werden. Auf die Idee, einfach einen Arzt zu holen, kam er nicht. Das Burnout rückte immer näher.

Inzwischen hatte die Dürrekatastrophe immer schlimmere Auswirkungen auf das Land. Obadja, der Hofmeister des Königs, sollte erkunden, ob es irgendwo noch Wasser gab. Unterwegs begegnete er dem Propheten Elia, mit dem ihn eine jahrelange Freundschaft verband. Zu Obadjas Entsetzen forderte ihn Elia auf, dem König seine Anwesenheit zu melden. Indem Elia dem König seinen Aufenthaltsort mitteilen ließ, gefährdete er sowohl seinen Freund als auch sich selbst. Doch voll Todesverachtung und Geltungsdrang stellte Elia sein Bedürfnis nach Sicherheit hintan. Er bestand darauf, mit dem König zusammenzutreffen.

Die Situation eskalierte. Elia sah sich als einsamer Retter der alten und einzig wahren Religion, koste es, was es wolle. Um Herr der Lage zu werden, ließ sich Elia auf einen religiösen Wettstreit zwischen sich und vierhundertfünfzig heidnischen Priestern ein. Der Wettbewerb sollte klären, wessen Gottheit die stärkere sei. Zwei Scheiterhaufen aus dürrem Holz dienten als Altar. Auf beiden lag ein geschlachteter, junger Stier. Die Götzenpriester sollten das Tier ihren Göttern opfern und sie um Regen für das Land anflehen. Danach sollte Elia seinen Gott um Regen bitten. Als Sieger würde derjenige hervorgehen, der dem Land Regen schenkte. Die Götzenpriester probierten es zuerst. Von weit her kamen die Menschen und sahen zu, wie die Priester singend um den Scheiterhaufen tanzten. Sie gerieten in Ekstase und ritzten sich mit Messern. Es floss Blut, aber der Regen blieb aus. Elia stand daneben und spottete. Nach mehreren Fehlschlägen gaben die Priester auf. Nun war Elia an der Reihe. Ein kleines Gebet zu Jahwe und schon fiel Feuer vom Himmel, das den Scheiterhaufen, das Opfertier und alles rundherum verzehrte. Dann regnete es. Elia hatte gesiegt und mit ihm der unsichtbare Gott Jahwe. Elia war aber mit den Nerven am Ende. In einer Art Blutrausch brachte er im Namen seines Gottes alle vierhundertfünfzig Priester des heidnischen Kultes um. Die vor Wut rasende Königin Isebel ließ ihm ausrichten: *Morgen werde ich dir tun, was du heute meinen Priestern getan hast.*

Elia fürchtete sich. Er floh in die Wüste, weg von den Menschen, weg von allen sozialen Kontakten, eine typische Reaktion in einem fortgeschrittenen Stadium von Burnout. Erschöpft saß er unter einem Wacholderbusch und wünschte sich den Tod herbei. Der ehemals engagierte, tatkräftige Mann war nur noch ein Häufchen Elend. Innere Leere und Depression waren alles, was ihm geblieben war. Kraftlos schlief er ein. Schritt für Schritt hatte sich Elia in ein schweres Burnout mit allen typischen Symptomen manövriert.

Nach dem Burnout kommt ein neues Gottesbild

Elia hatte Glück. Ein Engel kam und brachte ihm Wasser und geröstetes Brot zur leiblichen Stärkung. Danach schlief er wieder. Noch einmal kam der Engel mit einer kräftigenden Jause. Dann musste sich Elia aufmachen. Ein langer Weg liege vor ihm, sagte der Engel.

Jeder, der aus dem Burnout herausfinden will, muss so einen langen Weg beschreiten. Elia ging viele Tage, bis er an den Berg Gottes, den Horeb, kam. Dort erteilte Gott dem Propheten eine Lektion, die Elias Leben und seine Religiösität umkrempelte. Auf dem Berg Horeb stehend werde Elia Gottes Gegenwart erfahren dürfen, verspricht dieser.

Ein tödliches Erdbeben kam, doch Gott war nirgends zu finden. Danach zog ein mörderischer Orkan vorbei, aber Gott war nicht im Orkan. Auch in einer gefährlichen Feuersbrunst spürte Elia nichts von Gott. Zuletzt *kam ein stilles sanftes Sausen* und zog an Elia vorüber. Hier, nur hier, empfand der streitbare Prophet und Massenmörder die Nähe Gottes. Sein religiöser Fanatismus zerbrach gemeinsam mit dem alten Gottesbild. Elia war geheilt.

Elias Schicksal ist kein Einzelfall

Immer wieder erzählt das Alte Testament Geschichten von religiösen Eiferern. Immer stellen sich diese Extremisten Gott als den Drohenden, Vernichtenden, gnadenlos Strafenden vor. Sich selber betrachten sie als irdische Vollstrecker dieser furchteinflößenden Macht. Dieses Selbst- und Gottesbild lässt sie am Ende völlig erschöpft, verunsichert und frustriert in Depressionen versinken. Denn die Getriebenheit des Eiferers führt ins Nichts und verursacht so eine enorme Frustration.

Der Prophet Jona musste dieselbe Erfahrung machen wie Elia. Er sollte im Namen Gottes den Bewohnern der Stadt Ninive ihre vielen Sünden vorhalten und ein Strafgericht ankündigen. Die Leute in Ninive hörten, was Jona ihnen zu sagen hatte, und änderten ihre Lebensweise. Statt Unrecht zu tun, pflegten sie nun das Recht. Statt auszuschweifen, lebten sie äußerst bescheiden. Gott verwarf daraufhin seinen Plan, die Stadt zu vernichten. Das Strafgericht blieb aus. Jona war vollkommen enttäuscht. Beleidigt verließ er die Stadt, deren Untergang er genussvoll hatte erleben wollen. Jona warf Gott dessen Barmherzigkeit und Gnade vor: *Ach, Herr, das ist's ja, was ich dachte ... ich wusste, dass du gnädig und barmherzig, langmütig und von großer Güte bist ... So nimm nun, Herr, mein Leben, denn ich möchte lieber tot sein als leben.*

Erschöpft saß Jona auf einer Anhöhe. Der Schatten eines Busches schenkte ihm ein bisschen Freude in der tiefen Depression. Aber Gott hatte noch eine Lektion für ihn vorgesehen. Er schickte einen

Wurm. Der bohrte die Staude an. In kürzester Zeit vertrocknete sie. Jona saß nun ohne Schatten in der brütenden Hitze.

Die Sonne stach Jona auf den Kopf. Da wünschte er sich den Tod und sprach: Ich möchte lieber tot sein als leben.

Nun war der gute Jona weich geklopft. Gott teilte ihm mit, dass eine große Stadt wie Ninive mit so vielen Einwohnern viel wertvoller sei, als eine grüne Staude. Das Überleben der vielen Menschen wäre ihm ein ebenso großes Anliegen, wie Jona das Gedeihen der schattenspendenden Pflanze. Ob Jona aus seinem Burnout wieder herauskam, lässt die Bibel offen.

Die Kirchengeschichte ist voll mit religiösen Eiferern

Im Lauf der Kirchengeschichte bekamen Elia und Jona viele Nachfolger. Diese Vertreter eines angeblich rachsüchtigen und strafenden Gottes entwickelten menschenfeindliche Maßnahmen, die sie mit ihrem Erdbeben-Orkan-Feuersbrunst-Gott in Einklang zu bringen versuchten. Mit Folter erzwangen sie von Frauen das Geständnis, eine Hexe zu sein. Männer gestanden Ketzereien, die sie nie begangen hatten. Der Scheiterhaufen war nur eine von vielen grausamen Arten, Opfer im Namen Gottes zu quälen.

Jesus war resistent gegen Burnout

Anders als Jona, Elia und andere Gotteseiferer geriet Jesus nie in die Nähe eines Burnouts. Wo immer er auftrat, predigte und Kranke heilte, liefen die Leute in Scharen herbei. Immer wieder erzählt das Neue Testament, dass Jesus Wunder vollbrachte, der Menge aber auch auswich und sich an einen einsamen Ort zurückzog.

Simon, der später Petrus genannt wurde, fand Jesus nach einem dieser Rückzüge. Vorwurfsvoll hielt er ihm vor: *Jedermann sucht dich.*

Viele Kranke warteten darauf, dass er sie heilen würde. Er hatte sie einfach zurückgelassen. Jesus kehrte trotz Simons Vorwurf nicht mehr zurück. Stattdessen verließ er den Ort, erzählt die Bibel. Jesus war also auch nicht immer im Dienst. Er hat auf sich selbst geachtet, sich selbst geliebt, um seinen Nächsten ebenso lieben zu können. Damit ist Jesus wieder einmal ein großes Vorbild für geistliche Amtsträger aller christlichen Konfessionen. In diesen Berufsgruppen tritt Burnout besonders häufig auf, wahrscheinlich deshalb, weil Pfarrern und Seelsorgern nicht zugestanden wird, auch einmal außer Dienst zu sein. Doch Einsamkeit, Müßiggang und Achtung sich selbst gegenüber sind auch für Gottes Bodenpersonal in Ordnung. Jesus hat es vorgemacht.

ZORN IST KEINE SÜNDE

In der römisch-katholischen Tradition gilt der Zorn als eine der sieben »Hauptsünden« oder »Todsünden«. Aber auch in der evangelischen Kirche, die keine ausgeprägte Sündenlehre mit katalogartigen Aufzählungen kennt, wird Zorn in einem Christenleben eher negativ gesehen. Christenmenschen haben friedlich zu sein. Leise und freundlich. Entgegenkommend und geduldig. Christenmenschen sollen heiteren Gemütes durchs Leben wandeln, und wem das Dauerlächeln der Erlösten schwer fällt, der möge seine zornigen Aufwallungen wenigstens unter Kontrolle halten.

Diese Vorstellung vom Christsein teilen sogar Menschen, die selber gar keiner Kirche angehören und von Religion nichts halten. Sie erwarten von Christen dieses zornfreie Verhalten und denken, dass Christen sich nicht trauen, Ärger zu empfinden oder gar Wut auszudrücken. Dass dieses Klischee tief in den Köpfen der Menschen verankert ist, kann ich auch anhand eigener Erfahrungen belegen. Ich gehe regelmäßig in Supervision. Einmal begegnete ich einer Supervisorin, die unsere Sitzung mit einer seltsamen Feststellung eröffnete. »Sie sind Pfarrerin, Sie sind religiös. Sie haben also Probleme, Ihrer Wut Ausdruck zu verleihen.« Diese Frau, der aufgrund ihres Berufes ein differenziertes Menschenbild zuzutrauen ist, hatte mich erst fünf Minuten erlebt. Sie kannte mich nicht und hatte mit mir noch nie ein Wort gesprochen. Dennoch nahm sie an, dass ich als Pfarrerin und »religiöse Person« ein Problem hätte, meinen Ärger auszudrücken. Doch das ist nicht der Fall. Das kann ich deshalb mit gutem Gewissen behaupten, weil Gott vormacht, dass Ärger und Zorn zum Leben gehören. Meine Wut stürzt mich also nicht in ein religiöses Dilemma.

Gott kann vor Wut schnauben

Das Alte Testament schildert Gott immer wieder als vor Wut schnaubend. Besonders die alttestamentlichen Propheten wissen von Gottes Zorn zu erzählen. Dieser entzündete sich an sozialen Ungerechtigkeiten, Bestechlichkeit von Richtern und wirtschaftlicher Korruption. Auch Götzendienst bringt Gott in Rage, weiß die Bibel. Sein Zorn ist Ausdruck einer zurückgewiesenen und verletzten Liebe zu seinem Volk.

Gott macht sich verletzlich, weil er so bedingungslos liebt. Die Heftigkeit seines Zornes beängstigt die Menschen, denn sie sind davor nirgends sicher. Dieser Zorn ist nur die Kehrseite der unendlichen Liebe Gottes zu den Menschen. Liebe und Zorn Gottes gehören zusammen. Interpretationen aus unterschiedlichsten Epochen haben aber den Eindruck erweckt, der Gott des Alten Testamentes wäre ein unberechenbarer Wüterich, der von Liebe nichts weiß.

Menschlicher Zorn kann positiv sein

Auch in Menschen wallt in den Geschichten der Bibel Zorn auf. Sie zeigen es auch. Dieser Zorn ist keine Sünde. Der Prophet Nehemia zürnte zu Recht über die Missstände in Jerusalem. Der Prophet Jeremia ereiferte sich über den verkommenen Zustand seines Volkes. Leider vergebens, meint die Bibel und sieht seinen Zorn als Zeichen seiner Rechtschaffenheit und keineswegs als Sünde. Zornige können also auch auf der Seite Gottes stehen, während die Emotionslosen cool das Recht beugen.

Auch Jesus wurde zornig

Alle vier Evangelien erzählen, wie Jesus im Jerusalemer Tempel zornig wurde. Die Wut übermannt ihn, er nimmt einen Strick, knüpft daraus eine Geißel und treibt die Händler aus dem Heiligtum. Damit nicht genug. Er wirft auch die Tische um, auf denen die Wechsler ihr Geld bereitgelegt haben. In den ersten drei Evangelien steht diese Geschichte weit hinten, kurz vor der Kreuzigung Jesu. Es könnte der Eindruck entstehen, dass dieser Wutausbruch sein Schicksal besiegelt hätte, am Kreuz zu sterben.

Der Evangelist Johannes stellt diese Episode hingegen an den Beginn seines Evangeliums und kommentiert sie mit einem Zitat aus Psalm 67: *Der Eifer um dein Haus wird mich fressen.* Das hebräische Wort, das hier mit *Eifer* übersetzt wird, hat in der Originalsprache eine viel heftigere Bedeutung. Nicht nur irgendein Eifer ist es, der Jesus antreibt, sondern »Zorneseifer«. Der Mann aus Nazareth stellte sich also der Öffentlichkeit in der Überlieferung des Johannesevangeliums als der Zornige vor. Aus diesem Zorn heraus setzte er Taten. Er war einer, dem es reichte. Einer, der nicht lange diskutierte und herumlamentierte, sondern Veränderungen in Angriff nahm. Das hieß, raus mit der ganzen Marktwirtschaft aus dem Tempel in Jerusalem, der als Bethaus und nicht als Räuberhöhle dienen sollte.

Dies ist nicht der einzige Vorfall, bei dem Jesus Ärger und Zorn an den Tag legte.

Eines Tages kündigte Jesus seinen Jüngern sein nahes Ende an. Petrus, einer seiner engsten Freunde, reagierte entsetzt: *Gott bewahre dich, Herr! Das widerfahre dir nur nicht!*

Seine Reaktion drückte Liebe und Wertschätzung aus. Petrus zeigte, dass er um das Wohlergehen Jesu besorgt war. Jesus aber beschimpfte ihn mit den Worten: *Geh weg von mir, Satan! Du bist mir ein Ärgernis; denn du meinst nicht, was göttlich, sondern was menschlich ist.*

Ich habe meine Schüler gebeten, diese Ansage ins Wienerische zu übersetzen, damit sie die Atmosphäre dieser Episode spüren. Sie meinten, auf Wienerisch würde man in so einer Situation sagen: »Lass mi in Ruh, hau di über d' Häuser, du Arsch.« Ich meine, sie haben die Textzeile sehr passend übertragen. Mit dem Image des stets milden Heilandes hat das sehr wenig zu tun.

In der frühen christlichen Kirche gab es immer wieder Ärger

Auch die führenden Personen der ersten Christenheit gerieten in Rage. Eines Tages gerieten Paulus und Petrus aneinander.

Beide waren sich grundsätzlich einig, dass Christen heidnischen Ursprungs und jüdischer Herkunft ohne Probleme miteinander Tischgemeinschaft haben könnten. Diese Frage wurde in der ersten Jerusalemer Gemeinde kontrovers diskutiert. Sobald sich die konservativen Kräfte in die Debatte einbrachten, stand Petrus nicht mehr zu seiner Überzeugung, sondern schloss sich denen an, die den Kontakt mit den ehemaligen Heiden ablehnten. Paulus war darüber so empört, dass er in einer offenen Konfrontation Petrus und andere, die ihm gefolgt waren, Heuchler nannte.

Die Korrespondenz des Paulus wirkt lebendig und authentisch, eben wegen der zornigen Passagen, die ungeschönt seine Wut ausdrücken. Besonders mit der Gemeinde in Korinth hatte er viel Ärger. Diese Briefe aus dem ersten christlichen Jahrhundert vermitteln immer noch die ganze Wucht seines Zornes.

Spätere Schriften sehen Zorn negativ

Die jüngeren Schriften des Alten und des Neuen Testaments interpretieren Zorn nicht mehr als normale, verständliche und durchaus positive Gemütsäußerung. Die Spruchsammlung des Alten Testaments stellt fest: Der zornige Mensch ist nicht weise. Zornig sind die Narren.

Im Neuen Testament warnt der Epheser Brief, bei dem es sich um eine späte Schrift handelt: *Zürnt ihr, so sündigt nicht; lasst die Sonne nicht über eurem Zorn untergehen.*

Dennoch meine ich, dass es von der Mahnung, aufgrund der zornigen Aufwallung ja nichts Unrechtes zu tun, bis zur Behauptung, Zorn wäre eine Todsünde, noch ein weiter Weg ist. Die Warnung im Epheser Brief empfinde ich nicht als moralische Wertung. Sie weist lediglich darauf hin, dass Zorn auch entgleisen kann und dann Schaden anrichtet.

Ab einem gewissen Zeitpunkt nahm die christliche Öffentlichkeit nur mehr solche Mahnungen zur Kenntnis. Sie überging oder ignorierte die Passagen, die Zorn positiv verstehen, ihn manchmal sogar als notwendig und angemessen darstellen. Trotz intensiver Recherche fand ich keinen Hinweis auf eine Lehrentscheidung in der älteren oder jüngeren Kirchengeschichte, wo Zorn ausdrücklich als Todsünde definiert wurde. Hier hat sich über die selektive Weitergabe von biblischen Aussagen eine moralische Forderung eingeschlichen. »Ein Christenmensch darf nicht zornig sein.«

Die frühen Christen und Jesus selbst bieten, was den Umgang mit Zorn betrifft, aber durchaus ein lehrreiches Vorbild. Fest steht, dass die Bibel ewigen Gleichmut und emotionsloses Hinnehmen von Ungerechtigkeit ganz sicher nicht als Tugend darstellt.

DER TEUFEL IST EIN GEFOLGSMANN GOTTES

Es begab sich eines Tages, da die Gottessöhne kamen und vor den Herrn traten, kam auch der Satan unter ihnen. So beginnt die Erzählung im Buch Hiob. Die ganz alten Teile des Alten Testaments stellen Gott als orientalischen Potentaten dar, der riesige Heerscharen befehligt und einen reichen Hofstaat, die sogenannten Gottessöhne, um sich versammelt. Einer von ihnen ist der Teufel. Er findet sich, wie alle anderen, periodisch zur Konferenz mit Gott ein. In der hebräischen Bibel wird er Satan genannt. Das ist eine reine Funktionsbezeichnung und bedeutet Ankläger. Im Hofstaat Gottes hat er den Job des Staatsanwaltes. Unermüdlich bereist er die Erde, um Unregelmäßigkeiten unter den Menschen zu entdecken. Ganz eindeutig steht er auf der Seite des Rechts, auf der Seite Gottes. Laut Bibel ist er dessen rechte Hand, wenn es darum geht, im Himmel und auf Erden das göttliche Recht durchzusetzen. Es gibt jedoch eine klare Hierarchie. Gott hat das letzte Wort, er ist der Oberste Richter. Satan kann nicht schuldig sprechen. Er kann nur anklagen.

Bei der himmlischen Konferenz, aus der ich anfangs zitiert habe, beschuldigt Satan den frommen und gottesfürchtigen Hiob der Heuchelei. Satan erhebt schwere Anschuldigungen. Hiobs ganze Rechtschaffenheit sei reine Berechnung, behauptet der Ankläger. Gott verteidigt Hiob, hält ihn für einen aufrechten, wahrhaft gottesfürchtigen Mann. Nun darf der Ankläger Satan den Angeklagten Hiob mit Gottes Erlaubnis auf die Probe stellen. Mit allen Mitteln testet er Hiobs Durchhaltevermögen und unterzieht seine Frömmigkeit schweren Prüfungen. Bei der Wahl der Methoden hat Satan freie Hand. Nur töten darf er Hiob nicht, sagt Gott. So bricht eine Horrorbotschaft nach der anderen über den armen Mann herein, der keine Ahnung von dem himmlischen Gerichtsverfahren hat. Zuerst verliert Hiob sein Hab und Gut. Danach seine Kinder. Seine Frau verlässt ihn. Er erkrankt schwer. Von unappetitlichen Geschwüren übersät, sitzt er in der Asche, auf den Trümmern seiner Existenz. Die Menschen meiden ihn. Wer dennoch mit ihm spricht, macht ihm Vorwürfe. Hiob aber hält an Gott fest. Er lässt sich nicht von seinem Glauben abbringen. Satan geht als großer Verlierer aus diesem Spiel hervor. Hiob ist jedoch rehabilitiert. Er gesundet. Nach und nach findet er wieder ins Leben zurück.

Im Buch Hiob, einem feinen Stück Literatur in Form einer kunstvoll gedichteten Novelle, wird deutlich, dass Satan von jedem Menschen nur das allerschlechteste annimmt. Ganz im Gegensatz zu Gott, der freundlich und wohlwollend auf Hiob blickt, ohne dessen Rechtschaffenheit als Anbiederung abzutun.

Jeder Intrigant ist ein Teufel

Das Neue Testament sieht den Teufel in einer etwas anderen Position. In der Geschichte von der Versuchung Jesu heißt er nicht hebräisch »Satan« sondern griechisch »Diabolos«. Das bedeutet Verleumder. Das zugehörige griechische Verb diaballo bedeutet neben verleumden auch verhasst machen, entzweien, täuschen, betrügen. Die Reputation des Staatsanwaltes hat der Teufel seit dem Prozess gegen Hiob verloren. Sein Ruf ist ruiniert. Dass Satan beziehungsweise Diabolos Gottessohn und Angehöriger des himmlischen Hofstaates war, davon spricht nun keiner mehr. Die Bibel erzählt nicht, warum das so ist. Intrigieren, verleumden, entzweien können auch Menschen. Dass sie es auf mannigfaltige Weise tun, erzählt die Bibel. Dazu braucht es keinen Teufel, keine mystische Figur. Insofern ist die Umgestaltung der Figur des Satans weg vom harten aber gerechten Ankläger in Gottes Hofstaat hin zum missgünstigen Intriganten Diabolos eine rätselhafte Wendung.

Es gibt keinen Glauben an den Teufel

Obwohl die Geschichte rund um Satan und Diabolos ein Teil der Bibel ist, wird dort nirgendwo gefordert, an den Teufel »zu glauben«. Aber genau das hat sich im Laufe der Jahrhunderte in der Christenheit eingebürgert. Die Folgen sind weitreichend. Der unbiblische Glaube an den Teufel veränderte seine Position. Er war nicht mehr ein Untergebener Gottes, sondern wurde als gleichwertige Kraft neben Gott wahrgenommen. Wer an den Teufel »glaubt«, der sieht sich also mit zwei Gottheiten, Gott selbst und dem Teufel, konfrontiert. Der Satan ist in diesem Konstrukt nicht mehr Diener Gottes mit staatsanwaltlicher Funktion. Er ist auch nicht mehr nur ein Unruhestifter, der zunächst Gottes Konferenz gegen Hiob und später die gesamte Menschheit gegeneinander aufbringt. Im »Glauben« an den Teufel wird Satan zum feindlichen Gegenspieler hochstilisiert, der Gott ebenbürtig ist. Dieses Bild hat aber nichts mit der biblischen Darstellung zu tun.

Der Teufel als Gegenspieler Gottes ist ein Produkt der Esoterik des Altertums

Die Vorstellung vom satanischen Gegengewicht, das auf einer Stufe mit Gott steht, hat sich besonders nachdrücklich in der frühchristlichen Esoterik, der Gnosis, entwickelt. Gott und der Teufel werden hier als Rivalen um die Vorherrschaft über die Menschheit dargestellt.

In diesem Zweikampf muss sich der Mensch entscheiden, auf wessen Seite er steht. Entweder wird er mit dem Sieger triumphieren oder mit dem Verlierer untergehen. Askese, sexuelle Enthaltsamkeit und Rückzug aus der Gesellschaft sind die probaten Mittel, um sich den Verlockungen des Teufels zu entziehen. Wer so lebt, kann sich selber tagtäglich versichern, auf der richtigen Seite zu stehen und am Sieg Gottes Teil zu haben. Diese Gedankenwelt aus den ersten nachbiblischen Jahrhunderten wirkt bis heute nach. Niemand machte sich ernsthaft die Mühe, derartige Vorstellungen anhand der biblischen Aussagen zu überprüfen. Das Ergebnis so einer Überprüfung würde den »Kampf der Giganten« zwischen Gott und dem Teufel wieder auf das zurückstutzen, was er tatsächlich ist, nämlich ein streng hierarchisches Verhältnis, in dem Gott die Oberhand behält.

In der Bibel wird der Teufel nie als ebenbürtiger Gegner Gottes dargestellt. Er ist in manchen Geschichten der Gegenspieler der Menschen, die er von Gott entfremden oder vor Gott beschuldigen will. Weil das auch Menschen tun können, hat er bei diesem Unterfangen keine »göttliche« Alleinstellung. Doch Satans Entmystifizierung geht noch weiter. Das Neue Testament erzählt, dass der Teufel sogar als Gegenspieler des Menschen gescheitert ist. Seit dem Tod und der Auferstehung Jesu ist sein Job im Hofstaat Gottes hinfällig geworden. In der himmlischen Gerichtsverhandlung gibt es nun keinen Ankläger mehr, erzählt das Neue Testament. Statt des Anklägers tritt dort der gekreuzigte und auferstandene Jesus als Verteidiger der Menschen auf. Der Teufel hat ausgedient. Zumindest was die Bibel betrifft. Insofern muss sich keiner mehr vor dem Teufel fürchten. Wer Gegenteiliges behauptet, verwendet die Angst vor dem Teufel nur als Druckmittel um Menschen gefügig zu machen. Das hat nichts mit der Bibel und dem christlichen Glauben zu tun.

Der Glaube an den Teufel ist ungebrochen

In manchen christlichen Kreisen ist auch heute der Glaube an den Teufel und das Interesse an seiner Gestalt noch immer lebendig. Es ist manchmal wohl einfacher, den Teufel als Sündenbock für das eigene Handeln vorzuschieben, als Verantwortung für sich selbst und seine Taten zu übernehmen.

»Der Teufel hat mich verführt, mich getäuscht, mir eine Falle gestellt«, solche Rechtfertigungen machen Täter zu Opfern einer überwältigenden Macht. Wie bequem!

Noch schlimmer wird es, wenn Menschen aus religiösen Gruppierungen Mitmenschen mit abweichenden Ansichten oder nonkonformistischem Verhalten den Befund ausstellen, »vom Teufel besessen« zu sein. Jahrhundertelang mussten sogenannte »Hexen«

mit dieser Beschuldigung leben. Oder besser gesagt: sterben. Nur eine »Teufelsaustreibung«, ein Exorzismus, konnte diese Stigmatisierung beenden. Auch heute gibt es Exorzismen. Immer wieder führen solche Aktionen zum Tod des angeblich besessenen Opfers.

Der Vatikan hat versucht, Missbrauch einzuschränken, indem nur zugelassene Priester Exorzismen durchführen dürfen. Das kann aber »illegale« Teufelsaustreibungen nicht verhindern. Ob die Folgen für die Betroffenen einfacher zu verkraften sind, wenn es sich um einen »legalen«, also kirchlich zugelassenen, Exorzismus handelt, bezweifle ich.

Insgesamt ist mein Eindruck, dass der Glaube an den Teufel sehr stark von einer angstbesetzten Sexualmoral geprägt ist und ein Ventil für verbotene Fantasien liefert. Aktionen wie Teufelsaustreibungen haben zweifelsohne sadomasochistische Züge. Die Anklagen der Inquisition gegen sogenannte Hexen betrafen häufig auch einen angeblichen Geschlechtsverkehr mit dem Teufel. Nachdem sich die Richter ungestraft und mit wohligem Grusel ihren pornografischen Fantasien hingegeben hatten, folterten sie im Namen des christlichen Glaubens und sprachen anschließend Todesurteile aus. Diese Form von sexualisierter Gewalt hing mit den fantasierten Machenschaften des Teufels zusammen.

In der orientalischen Bilderwelt des göttlichen Hofstaates hat der Teufel seine Stellung. Seine abnehmende Bedeutung in den biblischen Schriften zeigt, dass sowohl Gott als auch der Glaube ohne ihn auskommen können.

GOTT IST PARTEIISCH

Justitia, die Göttin des Rechts, hat die Augen verbunden. Nur mithilfe einer Apothekerwaage beurteilt sie vollkommen unparteiisch die Sachlage. Dass sie dabei nichts sehen kann, soll ihre Unbeeinflussbarkeit symbolisieren.

Der biblische Gott hat jedoch Augen und Ohren weit geöffnet. Er hört und sieht. Das unterscheidet ihn von den Götzen, die von Menschenhand gemacht wurden. Ein Spottlied aus dem Buch der Psalmen bringt es auf den Punkt: *Sie* (die Götzen, Anm.) *haben Mäuler und reden nicht, sie haben Augen und sehen nicht, sie haben Ohren und hören nicht ...*

Gerade deshalb ist der lebendige Gott parteiisch. Auch das unterscheidet ihn von den Götzen, die keinerlei Emotionen zu den Vorgängen zwischen den Menschen auf der Erde kennen. Menschen mit heidnischem Hintergrund fürchten ihre Götter im Glauben, dass diese leicht zu beleidigen wären und dann entsprechend grantig bis bösartig reagieren könnten.

Du bereitest vor mir einen Tisch im Angesicht meiner Feinde, betet der Mensch, den der große Hirte durchs finstere Tal geleitet, im 23. Psalm.

Das ist ein köstliches Bild für den parteiischen Gott. Mitten im dunklen Tal, umringt von zähneknirschenden Feinden, deckt Gott seinem Schutzbefohlenen einen festlichen Tisch. Gott selbst steht als Mundschenk bereit und füllt den Becher bis zum Rand. Den Feinden, die voller Neid zusehen, läuft das Wasser im Mund zusammen. Aber wehe, wenn diese finstere Absichten haben und das Festmahl stören oder gar stehlen wollen. Der gute Hirte wird nicht zulassen, dass der Genuss des Tafelnden getrübt wird.

Auch Jesus bezieht sich in seiner kleinen Geschichte vom verlorenen Schaf auf das Bild des guten Hirten. Dieser lässt 99 Schafe in der Wüste zurück und sucht das eine, das er verlorenen hat, bis er es findet. Die Bibel zeichnet hier ein berührendes Bild für Gottes Zuwendung zu den Schwachen, Verlorenen und Kleinen.

Unparteilichkeit sieht anders aus. Wie parteiisch sich Gott bei der Suche nach dem verlorenen Schaf zeigt, beweist die Empörung der Großen, Selbstgerechten und Mächtigen. Sie haben sich zu allen Zeiten über das Verhalten des Hirten beschwert.

Wie barmherzig Gottes Parteilichkeit ist, zeigt sich an unseren heutigen Gepflogenheiten Mildtätigkeit zu üben. Spendenaufrufe für in Not geratene Mitbürger enthalten in der Regel das verräterische Wort »unverschuldet«. »Spenden sie für die unverschuldet in Not geratene Familie«, heißt es zum Beispiel. Jesus, der sich selbst als der »gute Hirte« bezeichnet, ist auch jenen Verlorenen nachgegangen, die selbstverschuldet in Not geraten sind. Auch für sie hat er Partei ergriffen. Parteilichkeit ist also keine moralische Wertung, sondern die Zuwendung zu allen Hilfsbedürftigen innerhalb einer Gesellschaft. Maria, die Mutter Jesu, besingt den parteiischen Gott. Sie verwendet dabei keine romantischen Bilder, sondern bleibt handfest und konkret:

Er (Gott Anm.) *übt Gewalt mit seinem Arm*
Und zerstreut, die hoffärtig in ihres Herzens Sinn.
Er stößt die Gewaltigen vom Thron
Und erhebt die Niedrigen.
Die Hungrigen füllt er mit Gütern
Und lässt die Reichen leer ausgehen.

Noch deutlicher als im 23. Psalm sagt dieses Lied, dass Gott nicht jedem gleich viel gibt. Manchen gibt er gar nichts. Gottes Zuwendung orientiert sich an den Bedürfnissen, am Hunger der Menschen.

Die Bibel versteht unter Gerechtigkeit nicht, dass alle dasselbe bekommen

Gerechtigkeit wird im Allgemeinen so verstanden, dass alle dasselbe bekommen, ganz gleich, ob sie es brauchen oder nicht. Die

Kinder der Wohlhabenden und Reichen müssen genauso gratis in die Schule fahren und kostenlose Schulbücher erhalten, wie die Kinder der Armen.

Wenn Pensionserhöhungen ausgehandelt werden, gibt es nicht nur auf die Mindestrente einen Zuschlag. Auch der Generaldirektor im Ruhestand muss eine Pensionserhöhung bekommen, obwohl es ihm an nichts mangelt. Was für eine Provokation, wenn in der Bibel steht, dass Gott den Armen gibt, damit sie endlich auch satt werden. Die Reichen lässt er leer ausgehen. Deren Bäuche sind schon lange bis zum Platzen gefüllt. Dennoch nennen das die Reichen »ungerecht«.

Statt abgezählter Gleichheit sollen wir den jeweiligen Bedürfnissen gerecht werden

In wie vielen Familien wird um das Thema Gerechtigkeit gestritten? Wenn der Sohn neue Schuhe bekommt, muss auch die Tochter Schuhe kriegen, obwohl sie derzeit gar keine braucht. Darf das eine Kind ins Kino gehen, muss dem anderen, das vielleicht noch zu jung dafür ist, ein Ersatz geboten werden. Wie viel einfacher wäre es, wenn jeder das bekommt, was er braucht. Nicht mehr und nicht weniger. Wenn Gott denen gibt, die nichts haben, meint die Bibel, dass die grundlegenden Lebensbedürfnisse nach Nahrung und Kleidung gestillt werden müssen. Von Luxus spricht sie nicht.

Gott ist ein Überläufer

Der parteiische Gott wechselt aber auch ganz schnell die Fronten. Als das Volk Israel in Ägypten in der Sklaverei leben muss, steht Gott auf seiner Seite und hilft ihm gegen den Unterdrücker, den Pharao. Unbeirrt kämpft er für das Recht der Sklaven, die in unerträglichen Verhältnissen leben, erzählt das zweite Buch Mose. Dem Pharao stellt er sich als unerbittlicher Gegner in den Weg, bis dieser endlich aufgibt und das Volk in die Freiheit entlässt. Der parteiische Gott hat für die Entrechteten gekämpft und gesiegt. Jahrhunderte später fressen sich in Israel die Reichen auf Kosten der Armen fett. Sie bauen sich herrschaftliche Häuser und schmücken diese mit kostbarem Elfenbein. Geflissentlich übersehen sie die Not des armen Nachbarn, der nicht weiß, wie er morgen seine Kinder ernähren soll. Keiner findet diese Zustände skandalös. Keiner denkt daran, sie zu ändern. Außer der biblische Gott. Er schickt seine Propheten, die unsoziale Zustände aufzeigen und den nimmersatten Reichen die Leviten lesen. Gott steht also immer auf der Seite der Opfer.

Wenn das Opfer eines Tages selber zum Täter wird, darf es nicht damit rechnen, dass Gott weiter auf seiner Seite bleibt.

Es ist eben nicht so, dass Gott »überall zu uns hält«, wie Detlev Bloch in einem modernen Kirchenlied dichtet. Gott hat keine verbundenen Augen wie Justitia. Er sieht das Unrecht und stellt sich dagegen.

ENGEL SIND NICHT GEFLÜGELT UND KÖNNEN GEFÄHRLICH SEIN

Wenn die Engel in der Bibel den Menschen begegnen, haben sie keine Flügel. Flügel hat nur Gott. Immer wieder verwendet die biblische Poesie dieses Bild um auszudrücken, dass Gott Geborgenheit schenkt.

Das liturgische Nachtgebet verdeutlicht im 92. Psalm, wozu Gott seine Flügel benötigt.

Gott wird dich mit seinen Fittichen decken und Zuflucht wirst du haben unter seinen Flügeln.

Geflügelte Schlangenwesen loben Gott

Andere himmlische Wesen beschreibt der Prophet Jesaja sehr wohl als geflügelt. Die sogenannten Sarafen, hebräisch Serafim, haben gleich drei Flügelpaare. Mit dem einen bedecken sie ihr Antlitz, mit dem zweiten die Füße und mit dem dritten fliegen sie um Gottes Thron. Ihre Aufgabe besteht ausschließlich darin, Gott zu loben. Mit den Menschen geben sie sich nicht ab. Diese Gestalten haben nichts mit klassischen Engeln zu tun. Der Prophet beschreibt sie als nackte, geflügelte Schlangenwesen mit menschlichen Gesichtern und Händen. Diese wundersamen Wesen sind Mitglieder des himmlischen Hofstaats, wie ihn die ältesten Schriften des Alten Testaments darstellen. Nur ganz selten darf ein auserwählter Sterblicher, wie zum Beispiel Jesaja, einen kurzen Blick hinter die Kulissen des himmlischen Hofstaates werfen und über die geflügelten Schlangenwesen staunen.

Die Bibel warnt vor zu großem Interesse an Engeln

Bereits in der Bibel wird vor einer Verehrung der Engel und insbesondere der fliegenden Schlangenwesen gewarnt. So heißt es im

Kolosserbrief: *Lasst euch den Siegespreis von niemandem nehmen, der sich gefällt in ... Verehrung der Engel und sich dessen rühmt, was er geschaut hat.*

Schon im ersten christlichen Jahrhundert gab es anscheinend Leute, die außerordentliches Interesse an den Engeln zeigten. Diese Engelsverehrer rühmten sich damit, in eine besondere Form von Ekstase eingetreten zu sein. In diesem Zustand hätten sie an den himmlischen Gottesdiensten teilgenommen und dort mit den Vielgeflügelten in Gottes unmittelbarer Nähe sein dürfen. Mit dieser Darstellung machten sie dem Propheten Jesaja Konkurrenz, indem sie ihn mit ihrer angeblichen Nähe zum himmlischen Hofstaat übertrumpften.

Die Sarafen und sonstige Himmelsbewohner haben euch nicht zu interessieren, ist die unmissverständliche Botschaft des Kolosserbriefes an religiöse Engelsanbeter und ihre Bewunderer.

Noch ein wenig drastischer geht die Offenbarung des Johannes vor.

Gleich zu Beginn dieser letzten biblischen Schrift bekommt der Seher Johannes von Christus den Auftrag, an sieben Gemeinden in Kleinasien einen Rundbrief zu schreiben. Adressieren sollte er diesen Brief aber nicht an die jeweilige Gemeinde, sondern an »die Engel der sieben Gemeinden«. Diese »Engel« wurden von Johannes zurechtgestutzt. Ein Mensch ermahnt also die Engel. Hier dreht die Bibel die übliche Vorstellung von Engeln komplett um. Die »Engel der sieben Gemeinden« stehen nicht über den Gläubigen. Sie sind nicht anbetungswürdig. Wie alle anderen Wesen unterstehen sie dem Richtspruch Christi. Auch Jesus äußerte sich zurückhaltend über Engel. Sie würden über Gottes Pläne genauso wenig Bescheid wissen wie er selber, meinte er. Inwieweit sie die Botschaften, die sie überbrachten, auch selber verstanden, bleibt offen.

Engel sind keine eigenen Personen

Engel sind keine physischen Wesen. Sie sind Bilder dafür, dass Gott sich in das Leben von Menschen einmischt, ihnen Botschaften zukommen lässt. Verständlich wird das alles mithilfe der biblischen Ursprachen. Das hebräische Wort »malach« und das griechische Wort »angelos«, die in der deutschen Bibel mit Engel übersetzt werden, bedeuten nichts anderes als »Bote«. Jeder Überbringer einer Nachricht ist ein Malach, ein Angelos. Auch der Briefträger, der heute ein Päckchen zur Haustüre bringt. Weil sowohl das hebräische als auch das griechische Wort für Bote beide Geschlechter meint, kann es natürlich auch eine Briefträgerin sein. Im Fall der biblischen Engel handelt es sich um Boten, die Gott schickt. Genau genommen ist ein Engel eine Botschaft. Denn der Bote ist die personifizierte Botschaft und keine eigene Persönlichkeit. Ist die Botschaft überbracht, hat sich die Aufgabe des Boten erledigt. Der Engel verschwindet wieder. Sein Abgang erfolgt unvermittelt. Die Botschaft, die ein Engel verkörpert, ist dafür umso langlebiger. Sie bringt fruchtbare und nachhaltige Veränderungen mit sich.

Engel sind sorgsam gekleidet

Wenn Engel den biblischen Menschen begegnen, kommen sie ohne Flügel aus. Dafür tragen sie Kleider. Die Botschaft trifft also nicht nackt auf den Menschen. Jeweils der Situation entsprechend sind die Engel passend angezogen. Bei Abraham, dem Nomaden, erscheinen sie wie Wanderer.

Der Engel, der auf dem Stein vor dem leeren Grab Jesu sitzt und die Botschaft verkörpert »Er ist nicht hier, er ist auferstanden«, trägt ein langes weißes Gewand. So, wie sich die Männer im vorderen Orient bis heute traditionell kleiden. Derselbe Engel, dieselbe Botschaft würde heute in Mitteleuropa wohl in Jeans und Pullover auftreten.

Engel begegnen den Menschen ganz schlicht im Alltag

In der Regel platzt die Botschaft, also der Engel, mitten in den Alltag eines Menschen. Das ist wohl auch der Grund, warum die

Boten ganz alltäglich gekleidet sind. Immer wieder betonen die biblischen Erzähler, dass der Engel selbst nicht von Bedeutung ist. Der Engel, der zur unfruchtbaren Frau des Manoach kommt, ist da keine Ausnahme. Sie würde nun doch einen Sohn gebären, sagt der Engel. Für die Zeit der Schwangerschaft gibt er ihr genaue Anweisungen, wie sie sich ernähren solle. Daraufhin fragt Manoach den Boten nach seinem Namen. Zum Dank will er ihm ein Festmahl bereiten. Der Engel gibt aber weder seinen Namen preis noch lässt er sich bewirten. Ein Dankopfer an Gott Jahwe wäre angemessener, meint er, und entschwindet. Wer den Engel und nicht die Botschaft wahrnimmt, hat also etwas nicht kapiert, meint die Bibel.

Menschen, denen Engel begegnen, müssen weder fromm sein, noch sich in irgendeiner Weise religiös betätigen. Die Botschaft kommt zu ihnen, wann und wo Gott es für richtig hält. Bedeutsam ist nur, dass sie tatsächlich von Gott kommt.

Die bekannten Engelsnamen sagen bereits, dass die Botschaft von Gott ist

Auch wenn der Engel, der Manoach und seine Frau besuchte, seinen Namen nicht verriet, kennt die Bibel doch die Namen von drei Engeln. Alle drei sind hebräisch. Ihre jeweiligen Bedeutungen verweisen auf Gott.

Mi-cha-el heißt »Wer-(ist)-wie-Gott?«.

Rapha-el bedeutet: »Gott heilt«.

Der prominenteste Engel ist wohl der Erzengel Gabriel. Er überbrachte gemäß dem Lukasevangelium die frohe Botschaft von Marias bevorstehender Schwangerschaft: *Siehe, du wirst schwanger werden und einen Sohn gebären.*

Gabriels Name verkündet: »Gott siegt!«

Zur Zeit des Evangelisten Lukas bedeutete dieser Name eine Kriegserklärung an die römischen Gottkönige. Vor allem an den Kaiser Augustus. Er ließ sich als Gott verehren und unterdrückte die unterworfenen Völker mit brutaler Gewalt. Auch das Volk Israel. Jeder, der Hebräisch konnte, verstand sofort die Botschaft des Namens »Gabriel«.

Dieser Engel sagte zu Maria: *Dein Sohn wird groß sein … er wird König sein … sein Reich wird kein Ende haben.*

Der Name des Boten Gabriel lässt keinen Zweifel zu, wer den Kampf zwischen Gott und den Unterdrückern gewinnen wird. So steht also hinter der lieblichen Ankündigung des Jesuskindes eine Kriegserklärung an den römischen Tyrannen.

Engel können gefährlich sein

Manchmal ist die Härte der Botschaft noch offensichtlicher. Zum Beispiel dann, wenn der Engel ein Schwert trägt. So stand vor dem Paradies, vor der innigen und ungebrochenen Gemeinschaft mit Gott, ein Engel mit einem Schwert. Seine Botschaft war auch ohne Worte unmissverständlich: »Gott und die Menschen sind geschiedene Leute. Die Menschen können von sich aus nicht in Gottes Nähe, nicht zu einer Gemeinschaft mit Gott kommen. Dafür sorgt der Engel!«

Dieser Wächterengel verlor anlässlich der Geburt Jesu seine Aufgabe. Zu den Hirten auf dem Feld bei Bethlehem kam der Engel und sagte: *Euch ist heute der Heiland geboren …* Damit war der Engel mit dem Schwert vom Tor des Paradieses abgezogen. Der Weg zu Gott war wieder frei.

Engel sind nicht immer nett, sanft und freundlich. Der Engel, der Petrus aus dem Gefängnis befreite, ging nach der Erzählung der Apostelgeschichte eher unsanft mit ihm um: *Und siehe, der Engel des Herrn kam daher, … und er schlug Petrus an die Seite und weckte ihn und sprach: Stehe behende auf!*

Er stieß und schlug ihn, so das griechische Wort. Er hatte es eilig und ließ dem schlaftrunkenen Petrus keine Zeit, sich vom Schreck des unsanften Erwachens zu erholen. Manchmal bringt ein Engel die Leute auch zum Weinen. Als sich Israel gegenüber den Kulten und Göttern Kanaans zu interessiert zeigte, erreichte sie die Botschaft, dass diese fremden Götter ihnen *zum Fallstrick werden* sollen.

Und als der Engel des Herrn diese Worte zu ganz Israel geredet hatte, erhob das Volk seine Stimme und weinte.

Die Botschaft ist wichtiger als der Bote

Die biblische Sicht ist also bunt und verwirrend. Engel sind weder gut noch böse. Sie sind keine Wesen, die von sich aus handeln. Immer stehen sie in Beziehung zu Gott und zu den Menschen, denen sie seine Nachricht überbringen. Sie sind wie ein Rohr, das die Quelle mit den durstigen Menschen verbindet. Niemand käme auf die Idee, rund um so eine Wasserleitung einen besonderen religiösen Kult zu betreiben. Es geht um das, was in der Leitung drin ist. Um das Wasser, also um die Botschaft.

Die Botschaft selbst kann sowohl erschreckend als auch beglückend sein. Fest steht nur, dass Gottes Botschaft die Menschen in ihrem Alltag erreicht. Die Bibel empfiehlt dringend, die Botschaft ernster zu nehmen als den Boten.

Mein persönlicher Engel war ein Sportredakteur einer großen Tageszeitung. Er schrieb über einen seiner Artikel: »Helm hin, Kopf ganz«. Bis dahin war ich immer ohne Fahrradhelm in Wien unterwegs gewesen. Nach der Lektüre des Artikels, kaufte ich mir am selben Tag einen Kopfschutz. Kurz danach kollidierte ich mit einem Auto. Helm hin. Kopf ganz. Den Namen des Redakteurs habe ich vergessen, wie es sich für die Begegnung mit einem Engel gehört. Aber seine Botschaft gebe ich nun an alle weiter, die helmlos mit dem Rad unterwegs sind: »Helm hin, Kopf ganz.«

GOTT IST EINE MUTTER, DIE NICHT LIEB IST

»Lieber Gott, mach mich fromm, dass ich in den Himmel komm!«

Generationen von Kindern haben dieses Abendgebet aufgesagt. Sie ahnten nicht, welchen theologischen Unfug ihnen die Erwachsenen in den Mund gelegt hatten. Dieses Gebet prägte das Gottesbild vieler Generationen.

Dieses Sprüchlein ist in dreierlei Hinsicht dumm.

Erstens. Ein Kind hat gar keinen Grund, sich von Gott zu wünschen, in den Himmel zu kommen. Kinder müssen erst einmal in dieser Welt ankommen und zu leben lernen. Das braucht Zeit, beansprucht die Sinne und den Körper und fordert die volle Aufmerksamkeit der jungen Menschen. Abgesehen davon glaube ich nicht, dass Menschen in den Himmel kommen. Mehr dazu steht in einem folgenden Kapitel.

Zweitens. Ein Kind ist nicht auf die Welt gekommen, um möglichst früh »fromm«, also »nützlich« oder »brauchbar«, zu sein. Genau das bedeutet das alte Wort »fromm«. Gott schenkt Menschen den Atem, macht sie damit lebendig und lebensfroh, erzählt die Bibel. Gottes Zuneigung und Zuwendung zu einem Menschen hängt nicht davon ab, ob dieser Mensch »nützlich« und »brauchbar«, also fromm ist. Sonst müsste Gott alle, die krank sind, die wegen einer Behinderung nichts zum Allgemeinwohl beitragen können, alle hochbetagten Menschen, alle, die ständige Pflege und Betreuung brauchen, von vornherein aus dem »Himmel« ausschließen. So wie das Kind selbst, das dieses dumme Sprüchlein sagt. Denn es ist ja in allem abhängig von anderen Menschen. Es kann selber nichts wirklich Wichtiges zur Gesellschaft und zur Welt beitragen.

Drittens. Gott ist gar nicht lieb.

Die Bibel kennt allerhand Attribute für Gott. »Lieb« ist nicht darunter. Lebendig ist Gott, so lebendig, dass in seiner Nähe pralles Leben möglich ist und der Tod flieht.

Gott ist mütterlich, sagt die Bibel

Gott ist mütterlich. Er lässt den verzagten Menschen durch den Propheten Jesaja ausrichten: *Ich will euch trösten, wie einen seine Mutter tröstet.* Auch wenn Gott also weder »er« noch »sie« ist, sondern ganz anders, bleibe ich um der Lesbarkeit willen bei der männlichen Form. Tröstend, behütend und beschützend, so sehen die biblischen Schriften Gott. Schön ist Gott, sagen die Lieder der Bibel, die Psalmen. Was für ein Gottesattribut. Wenn Gott schön ist, dann ist auch der Mensch, der nach seinem Bild geschaffen ist, schön. Wie gern würde ich das allen anorektischen, bulimischen und magersüchtigen Burschen und Mädchen, Männern und Frauen sagen und allen, die meinen, eine sogenannte Schönheitsoperation oder Botox zu brauchen, um schön zu sein. Die Schönheit Gottes hat nichts mit Kosmetik und Idealmaßen zu tun. Gott ist schön, weil er »schöne« Gedanken über die Menschen und die Welt hat: *Denn ich weiß wohl, was ich für Gedanken über euch habe, spricht der HERR: Gedanken des Friedens und nicht des Leidens …*

Auch Menschen, die Gedanken des Friedens in sich tragen, sind schön, finde ich.

Gott kann aber auch vor Wut schnauben und Angst und Schrecken verbreiten. Dann vor allem, wenn sein Gerechtigkeitssinn verletzt wird. In solchen Fällen hetzt er dem Pharao die schrecklichsten Plagen an den Hals, bis er endlich verstanden hat, dass es keinen Sinn hat, sich dem lebendigen Gott zu widersetzen.

Gott hat viel Fantasie

Fantasie gehört auch zu den Eigenschaften Gottes, von denen die Bibel erzählt, auch wenn sie dieses Wort nicht verwendet. Schon bei der Schöpfung zeigt Gott das Ausmaß seiner Fantasie, wenn er sich die vielen verschiedenen Arten der Tier- und Pflanzenwelt ausdenkt. Nicht nur eine Baumart, nicht nur eine Obstsorte, nicht nur ein Säugetier, nicht nur eine Fischart, nicht nur eine Vogelgattung entlässt Gott in die Schöpfung. Von allem gibt es viele Abwandlungen, jede davon ist mit ganz besonderen Eigenschaften ausgestattet. Die Bibel reitet auf dieser Beobachtung richtiggehend herum.

Ein jedes nach seiner Art, ... ein jedes nach seiner Art, ... ein jedes nach seiner Art ... Wie ein Mantra tönt es aus dem Schöpfungshymnus.

Selbst als er die Menschen aus seiner Nähe verbannt und sie den Garten Eden verlassen müssen, denkt Gott sich zu ihrem Schutz Kleider aus Fellen aus, damit sie draußen, in der Kälte der Gottesferne, nicht erfrieren. Gott greift zu Schere und Nähnadel. Er verwandelt sich vorübergehend in einen Modedesigner, um seine Menschen einzukleiden.

Die Geschichte Israels ist voll von fantasievollen Versuchen Gottes, sein Volk bei sich zu halten, sie aus selbstverschuldeten Katastrophen zu retten, ihnen immer und immer wieder aufs Neue eine intensive Beziehung anzubieten.

Niemand ist gut

Gott ist gut, sagt Jesus und rückt damit noch eine weitere Eigenschaft in den Blick. Für sich selber weist Jesus dieses Attribut »gut« zurück. Gut ist niemand, nur Gott allein. Dieses »gut«, eigentlich »vollkommen«, hat im griechischen eine ganz besondere Färbung. Das griechische Wort agathos bedeutet auch »tapfer«. Mit unendlicher Geduld hält Gott tapfer die Beziehung zu uns Menschen und zu seiner Schöpfung aufrecht.

Der Mensch ist nicht gut und braucht sich auch gar nicht darum zu bemühen, gut zu sein oder es in naher Zukunft zu werden. Dieser Grundsatz ist für mich das Ende jedes moralisierenden Glaubens und damit auch das Ende von dummen Kindergebeten, die vielleicht der moralischen Aufrüstung aber ganz sicher nicht dem Glauben an den »lieben« Gott dienen.

Eines ist Gott nämlich nicht. Er ist nicht »lieb«.

JESUS HATTE MERKWÜRDIGE VORFAHREN

Mein Onkel Hermann verwendete viele Jahre darauf, einen akribischen Stammbaum der Familie meines Vaters zu erstellen. Bis ins 16. Jahrhundert reicht der verästelte Baum, den Onkel Hermann mit eigener Hand gezeichnet und beschriftet hat. Dabei hat er hauptsächlich die männlichen Nachkommen vermerkt. In unserem Stammbaum gibt es Ratsherren, Bürgermeister, Ärzte, Apotheker und Ingenieure. Bei manchen Herren wird die Profession nicht erwähnt. Vielleicht waren sie Zuhälter, Wegelagerer, Strauchdiebe oder Kutscher, sodass sie nicht in die respektable Gesellschaft passten. Vielleicht fehlten Onkel Hermann aber auch einfach nur die Angaben. Die Frauen sind im Stammbaum nur mit ihrem Vornamen vertreten. Onkel Hermann hat der Familienname vor der Hochzeit nicht interessiert. Manchmal fehlt die Frau auch. Dann stehen nur die Kinder, vor allem die Söhne, mit Namen in seinem Verzeichnis.

Auf der ersten Seite des Neuen Testaments findet sich der Stammbaum von Jesus. Matthäus hat ihn aufgezeichnet. Wie mein Onkel Hermann verzichtete Matthäus weitgehend darauf, die Frauen zu nennen, mit denen die Männer beginnend bei Abraham Söhne zeugten. Allerdings gibt es vier bemerkenswerte Ausnahmen. Die Frauen Rut und Tamar nennt Matthäus beim Namen. Dazu kommt noch eine Namenlose. Als »die Frau des Uria« hat sie ihren Platz im Stammbaum. Ganz am Ende der langen Namensliste kommt als vierte Maria, die Mutter Jesu ins Bild.

Diese Frauennamen im Stammbaum erinnern an peinliche Geschichten in der Familiengeschichte Jesu.

Ein Vorfahre Jesu hatte Sex mit der Schwiegertochter

Tamar, die erstgenannte Frau, hatte Zwillinge. Diese entsprangen einer Liaison mit ihrem Schwiegervater. Perez, der erstgeborene Zwilling, ist ein direkter Vorfahre Jesu. Die Vorgeschichte spricht nicht gerade für geordnete Familienverhältnisse. Das Gesetz Israels sieht so eine Verbindung sogar als schweres Vergehen an. Im dritten Buch Mose steht: *Wenn jemand bei seiner Schwiegertochter schläft, so sollen sie beide des Todes sterben.*

Sowohl für den Schwiegervater als auch für die Mutter der Zwillinge blieb die Affäre ohne Konsequenzen. Der Fleck im Stammbaum ist aber geblieben.

Jesus hatte heidnisches Blut in seinen Adern

Rut, die zweitgenannte Frau, war eine Ausländerin, eine Heidin. Das allein genügte schon, um im nationalbewussten Israel einen Stammbaum nachhaltig inakzeptabel zu machen. Auf Anraten ihrer Schwiegermutter Naomi angelte sich die früh verwitwete Rut einen entfernten jüdischen Verwandten ihres jung verstorbenen Mannes. Die Zielperson war nicht nur verwandt, was als Vorteil galt, sondern überdies wohlhabend. In ihrer erfahrenen Schwiegermutter hatte Rut eine kundige Beraterin in Sachen Männerfang. Das Buch Rut erzählt diese Geschichte mit allen pikanten Details. Die junge Witwe näherte sich dem Zielsubjekt langsam und geduldig. Zuerst präsentierte sie sich als das, was sie war. Eine arme Frau, die Nachlese hielt auf dem Feld des reichen Mannes Boas. Später kam Rut mit Boas ins Gespräch. Die bescheidene, junge Frau gefiel ihm. Sie weckte seinen Beschützerinstinkt. Bald danach war es Zeit, das Getreide zu ernten. Boas, der Chef, arbeitete fleißig mit. Am Ende des staubigen Arbeitstages waren die Kehlen trocken. Die Männer tranken reichlich. Nicht Wasser, sondern Alkohol. An Ort und Stelle legten sie sich nieder. Auch Boas übernachtete am Heuboden. Auf Anraten der Schwiegermutter badete und parfümierte sich Rut. In stockdunkler Nacht huschte sie zur Tenne und schlüpfte zu Boas unter die Decke. Sein Erstaunen war groß, als er in der Früh Rut in seinem Bett fand. Das Happy End folgte auf den Fuß. Es gab eine Hochzeit, ein Sohn namens Obed wurde geboren. Dieser Obed, ein Halbjude, ist ein Vorfahre

Jesu. Das Buch Esra erzählt, dass so eine Konstellation eigentlich eine unauslöschliche Familienschande darstellt. Zur Zeit des Propheten Esra gab es in Israel einen Feldzug gegen Mischehen mit Heidinnen. Jüdische Männer, die mit heidnischen Frauen verheiratet waren, mussten sich binnen drei Tagen von diesen Frauen trennen. Andernfalls würde ihr Besitz eingezogen werden, lautete die Strafandrohung bei Zuwiderhandeln. Solche Männer wären ab sofort aus der Volksgemeinschaft ausgeschlossen worden. Sie waren damit staaten- und somit schutzlos.

Auch zu Jesu Zeiten und viele Jahrzehnte danach war es undenkbar, dass ein Jude sich mit heidnischen Personen abgab. Man aß nicht mit ihnen. Man schlief nicht mit ihnen. Man betrat nicht einmal das Haus eines Heiden, selbst dann nicht, wenn es darum ging, einen Knecht zu heilen. Diese Haltung respektierend, sagte ein römischer Hauptmann zu Jesus: *Herr ich bin nicht wert, dass du unter mein Dach gehst. Aber sprich nur ein Wort, so wird mein Knecht gesund.*

Nach Meinung von zeitgenössischen Ideologen hatte Jesus dank Rut selbst heidnisches Blut in sich.

Ehebruch und Mord gehören zu Jesu Familiengeschichte

Die namenlose Frau ist genau das, als was sie im Stammbaum bezeichnet wird. Sie war »Urias Frau«. Lapidar schreibt Matthäus in den Stammbaum Jesu: (Der König, Anm.) *David zeugte Salomo mit Urias Frau.* Mit dieser Formulierung deutete Matthäus eine unsaubere Bettgeschichte an. Ehebruch, militärische Unehre und Mord standen hinter der Zeugung des weisen Salomo, der nach David König in Israel wurde.

König David verliebte sich in die Frau seines treuen Soldaten Uria, als dieser im Krieg war. Die zurückgebliebene Ehefrau nahm im Hof ein Bad. König David beobachtete sie heimlich. Er schwängerte die Frau, die keine andere Wahl hatte, als dem König, der in unmittelbarer Nachbarschaft residierte, willfährig zu dienen. Dem König war das äußerst peinlich. Er wollte nur ein wenig Lust empfinden. Auch im alten Israel konnten die Menschen rechnen. Wenn der Ehemann im Krieg war und neun Monate später seine Frau ein Kind zur Welt brachte, gab es Erklärungsbedarf. David plante, Uria das Kind unterzuschieben. Als oberster Feldherr gewährte er dem Soldaten Heimaturlaub. Nur eine Nacht musste der Mann in seinem eigenen Haus verbringen. Damit wäre das Problem gelöst gewesen. Uria war aber nicht nur ein treuer Diener seines Königs, sondern auch ein guter Kamerad. Er weigerte sich, in sein Haus zu gehen und ins Ehebett zu steigen. Denn, so lautete seine Begründung, auch seine Kameraden hätten nicht diese Annehmlichkeit draußen im Feld. Stattdessen legte er sich zum Schlafen vor die Türe des Königshauses. Alle konnten sehen, dass er nicht bei seiner Frau übernachtet hatte. Damit war sein Tod eine beschlossene Sache. Uria kehrte zu seiner Truppe zurück. In einem versiegelten Brief überbrachte er dem Feldherrn sein eigenes Todesurteil. *Stellt Uria vornehin, wo der Kampf am härtesten ist, und zieht euch hinter ihm zurück, dass er erschlagen werde und sterbe.*

Der treue Soldat Uria hatte keine Chance. David holte die Witwe in seinen Harem. Das Kind starb. Das nächste Kind *mit der Frau des Uria* ist Salomo. Eines Tages wird er Davids Nachfolger. Als weiser König ging er in die Geschichte und in den Stammbaum Jesu ein.

Zwei verschiedene Versionen des Stammbaums für zwei verschiedene Zielgruppen

Was für ein Stammbaum. Mord, Inzest, fremdes Blut. Nichts wird ausgelassen. Bei der Nennung der drei Frauen erwachten bei den Lesern mit jüdischem Hintergrund all diese Geschichten. Die Zielgruppe des Matthäus kannte die hebräische Bibel von Kindesbeinen an. Sie verstand die Botschaft. Dieser Jesus ist einer, der die Heilsgeschichte und auch die Unheilsgeschichte Israels in sich vereint. Er ist ein Nachkomme Abrahams. Aus dem Stamm Juda. Ein Nachfahre des Königs David. Einer, der die ganzen Skandalgeschichten der Vorfahren in seiner Person vereint.

Auch der Evangelist Lukas erwähnt den Stammbaum Jesu in seinem Evangelium. Er beschränkt sich aber ausschließlich auf die männlichen Vorfahren. Warum das so ist, ist leicht erklärt. Lukas schrieb für Menschen aus dem griechisch-heidnischen Kontext. Namedropping mit Frauennamen hätte bei seiner Leserschaft kein wissendes Nicken, kein Aha-Erlebnis, kein Kopfschütteln und auch kein Lächeln hervorgerufen. Diese Klientel kannte die hebräische Bibel mit den Skandalgeschichten der Vorfahren Jesu nicht. Die Autoren der Evangelien sind also zielgruppenorientiert ans Werk gegangen.

Maria ist die Frau Josefs

Die letztgenannte Frau im Stammbaum des Matthäus ist Maria. Matthäus schreibt: *Jakob zeugte Josef, den Mann der Maria, von der geboren ist Jesus, der da heißt Christus.*

Wenn Jesus, wie die Evangelien nachdrücklich betonen, ein Nachfolger Abrahams, Davids und aller anderen im Stammbaum genannten ist, dann eben durch seinen Vater Josef, *den Mann der Maria.* Josef ist nach diesem Stammbaum im Matthäusevangelium der Vater von Jesus. Zu Maria gibt es genauso wenige Angaben, wie zu den vorangegangenen drei Frauen. Joachim und Anna, die als ihre Eltern gelten, werden in der Bibel nicht genannt. Diese Namen verdanken wir späterer Legendenbildung. Das sogenannte Protoevangelium des Jakobus, eine außerbiblische Schrift aus der Mitte des 2. Jahrhunderts, erzählt die Geschichte der Zeugung und Kindheit von Maria.

Das Ziel dieser Schrift ist relativ klar nachzuvollziehen. Die Jungfrauenschaft der Maria soll gewürdigt und festgeschrieben werden. Schon in der alten Kirche standen Theologen diesem Schriftstück skeptisch gegenüber. In den Volksglauben wirkt sie bis heute hinein, ohne dass sich die Menschen der Herkunft der Geschichten bewusst sind.

Jesu Familie ist um nichts besser oder schlechter als »normale« Familien

Die Bibel zeigt uns eben nicht eine übermenschliche Unbeflecktheit Jesu. Sie erzählt ganz offen von den peinlichen Begebenheiten in seiner Familiengeschichte. Das wiederum macht ihn sehr menschlich, was wohl auch die Absicht des Evangelisten Matthäus war. Ich selber kenne nicht eine Familie, in der es nicht auch dunkle Kapitel gäbe. Insofern haben mein Onkel Hermann und die biblischen Ahnenforscher viel gemeinsam. Sie rekonstruieren die Geschichte einer Familie, in der es Höhen und Tiefen gab.

NICHT HEILIG, NICHT DREI UND KEINE KÖNIGE

Alle Jahre wieder gehen am Ende der Weihnachtsferien tausende Kinder in kleinen Gruppen von Haus zu Haus, von Wohnung zu Wohnung. Meist ist ein schwarz gefärbtes Gesicht dabei. Auf jeden Fall tragen sie bunte, orientalisch anmutende Gewänder. Ein Kind trägt einen Stern. Angeleitet von der erwachsenen Begleitperson singen sie dort, wo die Türen aufgehen, ihr Lied von den Heiligen Drei Königen aus dem Morgenland, von Caspar, Melchior und Balthasar.

»Es zieh'n aus weiter Ferne drei Könige einher. Sie kamen von drei Bergen und fuhren über's Meer. Unzählig sind die Scharen, geschmückt ist das Geleit. Die Sporen glänzen helle im Sonnenlichte weit.«

Nach der Darbietung sammeln sie für Projekte, die das Hilfswerk der katholischen Jugend in Übersee unterstützt. Mit Kreide schreiben sie auf die Haustüren C+M+B und die aktuelle Jahreszahl. Bei uns im Haus haben die Sternsinger heuer statt Kreide fertig gedruckte Selbstkleber angebracht. Auch die Heiligen Drei Könige gehen mit der Zeit.

Die Sternsingerei ist ein schöner, uralter Brauch, den die katholische Jungschar Mitte des 20. Jahrhunderts wiederbelebt hat. Sie rückt das Fest der Epiphanie, wie es die katholische Kirche nennt, oder Epiphanias, so die evangelische Bezeichnung, in den Blickpunkt. Das Fest ist besser bekannt unter dem Namen »Dreikönigsfest«. Dass sich diese von den Kirchen gar nicht verwendete Bezeichnung so hartnäckig hält, ist sicher auch den Sternsingern zu verdanken.

Das Jesuskind liegt nicht im Stall, sondern bewohnt ein Haus

Die biblische Geschichte zum uralten christlichen Feiertag am 6. Jänner steht nur im Matthäusevangelium. Die Fassung der Weihnachtsgeschichte wie Matthäus sie überliefert, ist weniger lieblich als die Geschichte im Lukasevangelium. Da gibt es keine Hirten, keine Engel, keine Krippe und keine Herbergssuche. Maria, Josef und das Kind befinden sich in einem ganz gewöhnlichen Haus. Dort bekommen sie Besuch von Weisen oder Magiern, griechisch »magoi«, aus dem Morgenland, *als Jesus geboren war in Bethlehem in Judäa zur Zeit des Königs Herodes.*

Die Geschichte spiegelt auf ihre Weise den Machtkampf zwischen weltlicher und göttlicher Herrschaft wider. Sie bringt auch von Anfang an die weltweite Dimension der christlichen Botschaft ins Spiel. Die Sterndeuter und Magier stammen nicht aus dem jüdischen Kernland. Sie sind Heiden, die von weit her kommen. Gemäß dieser Erzählung gehören sie zu den ersten, die Jesus als dem weltweiten König huldigen. Somit sind sie Sinnbild dafür, wie die göttliche Herrschaft mit Jesu Geburt die Überhand gewonnen hat.

Geschenke erzählen etwas über den Beschenkten, nicht über die Schenkenden

Drei Geschenke – Gold, Weihrauch und Myrrhe – bringen die Magier mit, erzählt Matthäus. Diese Anzahl an Präsenten hat Jahrhunderte später zu der Annahme geführt, dass es sich bei den Überbringern um drei Leute gehandelt haben muss. Es gibt aber auch noch andere Traditionen. Die syrische Kirche überliefert, dass die Magoi zwölf Leute gewesen wären, die mit großem Hofstaat dem Kind ihre Aufwartung gemacht haben. Für Könige hielten die Leute sie deshalb, weil sie äußerst kostbare Geschenke mitbrachten. Nur Könige konnten es sich leisten, solche Geschenke einzupacken, meinten die Ausleger und machten die Magoi kurzerhand zu Adeligen. Dabei sagen die Mitbringsel der Heiligen Drei Könige, wie alle wohlüberlegten Geschenke, in erster Linie etwas über den Beschenkten aus. Sie erzählen etwas über den Empfänger, über seine Vorlieben und Interessen und auch darüber, ob der edle

Spender den Beschenkten gut genug für ein passendes Geschenk kennt. So verhält es sich auch mit den Gaben der Weisen aus dem Morgenland. Sie geben Hinweise auf die unterschiedlichen Rollen und Funktionen, die Jesus in den Augen des Evangelisten hatte.

Das Gold sagt »Jesus ist ein König«.

Der Weihrauch sagt »Jesus ist ein Priester. Er heilt die gestörte Beziehung zu Gott.«

Matthäus schrieb sein Evangelium für Menschen mit jüdischem Hintergrund. Er konnte davon ausgehen, dass bestimmte Reizworte wohlbekannte Geschichten und Bilder aus dem Alten Testament ins Bewusstsein rufen. Matthäus weckte ganz bewusst Assoziationen zu dem Buch des Propheten Jesaja. Dort heißt es: *Sie werden aus Saba kommen, Gold und Weihrauch bringen und des Herrn Lob verkündigen.*

Die Myrrhe dachte sich Matthäus als drittes Geschenk aus. Sie stellte die Verbindung zum Ende des Evangeliums, zum Tod Jesu her. Er wird sterben. Sein Tod wird große Bedeutung haben, erzählte die Myrrhe bereits anlässlich der Geburt. Dieses dritte Geschenk ist vergleichbar mit einem Sarg oder einer Aschenurne, die man einem Neugeborenen als Einstandsgabe mitbringt. Niemandem würde so etwas einfallen.

Es ist auch niemandem eingefallen. Die Legende von den Weisen aus dem Morgenland in Matthäus zwei ist nicht historisch zu verstehen. Sie stellt mit poetischen Mitteln und bunten Bildern den Lesern des Matthäusevangeliums die Person vor, von der dieses Buch handelt.

Der Stern von Bethlehem ist keine meteorologische Erscheinung

Ähnlich verhält es sich mit dem Stern, der die Weisen in dieser Geschichte leitet. Das Reizwort »Stern« rief bei bibelfesten Lesern gleich eine Szene aus der hebräischen Bibel ins Gedächtnis: *Es wird ein Stern aus Jakob aufgehen,* sagte der Seher Bileam, als er Israel gegen den Willen seines Auftraggebers segnete. Immer wieder haben Theologen und Astronomen versucht, diesen Stern wissenschaftlich zu fassen. Sie entwickelten im Lauf der Jahrhunderte die unterschiedlichsten Theorien. Die einen meinten, es wäre eine besonders seltene und auffällige Sternenkonjunktion gewesen. Die anderen sprechen von einem Kometen.

Matthäus hat sich aber in keiner Weise mit Astronomie befasst. Er verwendete dieselben Mittel, mit denen Filmemacher, Dichter, Schriftsteller und Kunstschaffende aller Epochen arbeiten. Er hat die Bilderwelten seiner Leser angezapft und stimuliert. Mit der Art und Weise, wie er seine Geschichten erzählte, hat er Assoziationen in den Köpfen der Leute abgerufen. Die Leser konnten die Botschaften deuten, ohne dass sie Matthäus direkt hätte aussprechen müssen. Das Stichwort »Stern« genügte, um Jesus als den verheißenen Retter auszuweisen. So mancher wird sich jetzt vielleicht fragen, warum Matthäus und die anderen Evangelisten nicht einfach gerade heraus erzählt haben. Ohne versteckte Botschaften, ohne subtile Bedeutungen, ohne kryptische Symbole. Auch hier ist Matthäus in der Tradition der schönen Künste zu sehen. Ihm ging es um ein Abenteuer im Kopf, um Geschichten mit emotionalem Gehalt, die die Leser geistig herausfordern. Matthäus war eher Schriftsteller als Dokumentarist. Er hat seine Botschaft in das Gewand einer fesselnden Geschichte verpackt, die die Herzen der Menschen erreichte.

Caspar, Melchior und Balthasar waren nicht die Namen der Heiligen Drei Könige

Seit dem frühen Mittelalter ist die Geschichte von den Weisen aus dem Morgenland die Tageslesung am sechsten Jänner. Daraus entwickelte sich der Brauch, dass Priester von Haus zu Haus gingen und einen speziellen Segen aussprachen: »Christus Mansionem Benedicat«, was so viel heißt wie »Christus segne das Haus«. Der Segen sollte das ganze Jahr für alle Bewohner und alle Gäste wirksam bleiben. Darum schrieb ihn der Priester abgekürzt auf die Haustür. 20+C+M+B+12 bedeutet also im vollen Wortlaut übersetzt »Christus segne dieses Haus im Jahr 2012.«

Als die lateinische Sprache sukzessive ihren Rückzug antrat, geriet die Bedeutung des Segensspruches in Vergessenheit. Viele deuteten die Buchstaben C, M und B fortan als Initialen der angeblichen Namen der »drei Könige«. Caspar, Melchior und Balthasar traten ihren Siegeszug rund um die Welt an, auch wenn die Bibel keine Namen nennt und keine bestimmte Besucherzahl kennt.

Gern frage ich die Kinder, die bei mir zum Sternsingen vorbei kommen, was das denn heißt, was sie mir da an die Türe schreiben. Leider konnten bis heute weder die Kinder noch ihre erwachsenen Begleitperson die geheimnisvollen Zeichen richtig deuten.

DIE ZWÖLF APOSTEL WAREN VIERZEHN LEUTE

In der Lausbubengeschichte von Tom Sawyer erzählt Mark Twain eine kleine Episode, die in der Sonntagsschule, dem kirchlich organisierten Religionsunterricht, spielt. Eines Tages schafft es Tom durch ausgeklügelte Tauschgeschäfte, die Bestätigung für zweitausend gelernte Bibelverse zu erschwindeln. In Wahrheit kann er nicht einen einzigen. Der Lehrer ist beeindruckt und stellt den Schlawiner einem hohen Besucher als Musterschüler und Bibelexperten vor. Der bedeutende Herr sagt zu Tom:

»Du bist ein braver Junge. Zweitausend Bibelverse, die zu lernen muss eine Menge Mühe gekostet haben. Doch es wird sich eines Tages lohnen und du wirst ein großer, berühmter Mann sein. Diese zweitausend Bibelsprüche sind nicht mit Geld aufzuwiegen. Und nun wirst du sicher gerne etwas von dem vortragen, was du so eifrig gelernt hast. Sicher kennst du die Namen der zwölf Apostel. Wie hießen die ersten beiden, die zu Jüngern des Herrn wurden?«

Der ahnungslose Tom Sawyer hätte zwei Antwortmöglichkeiten gehabt, die beide richtig gewesen wären. »Simon und sein Bruder Andreas«, wäre eine gewesen. Er hätte aber auch sagen können: »Es waren nicht zwei, sondern drei, nämlich Simon und Johannes und Jakobus.« Die verschiedenen Evangelien erzählen hier Unterschiedliches.

Die zwölf Apostel sind ein Konglomerat aus zwei verschiedenen Gruppen von Gefolgsleuten

In Mark Twains Geschichte blamiert sich Tom Sawyer bis auf die Knochen. Doch auch die Frage des hohen Besuchs hätte blamables Potential gehabt. Dass er sich auf die zwölf Apostel bezog, zeigt, dass der Herr auch nicht die besten Bibelkenntnisse vorzuweisen hatte. Die zwölf Apostel gibt es in der Bibel nicht. Zumindest gibt es sie nicht als eindeutig identifizierbare zwölf Männer, die unverwechselbar eine besondere Stellung innerhalb der Jünger

Jesu hatten. Insgesamt nennen die Evangelien nicht zwölf, sondern vierzehn Leute namentlich, wenn sie von Aposteln sprechen. Nach dem Selbstmord des Judas wählte laut Apostelgeschichte eine Versammlung der hinterbliebenen Jünger einen Mann namens Matthias nach. Er ist der fünfzehnte, der den Apostelstatus bekommt. Dazu kommt noch Paulus, der sich in seinen Briefen selber Apostel nennt. Diese hat er etliche Jahre vor der Abfassung der Evangelien durch Matthäus, Markus, Lukas und Johannes geschrieben. Jetzt sind es also schon sechzehn Apostel.

Die Einheitlichkeit der Jesusanhänger ist eine Fiktion

Die Evangelien, die Apostelgeschichte und auch die Briefe des Paulus unterscheiden von Anfang an zwischen verschiedenen Anhängergruppen. Die eine Gruppe kam aus Galiläa, der Heimat Jesu. Sie begleitete ihn, den Prediger und Lehrer, wenn er rund um den See Genezareth auf Wanderschaft war. Petrus ist der prominenteste von ihnen.

Zahlenmäßig ist diese Gruppe nicht eindeutig identifizierbar. Eine Gesellschaft von rund 500 Leuten dürfte es gewesen sein. Zu dieser Gruppe gehörten auch Frauen. Nicht alle begleiteten Jesus die ganze Zeit über. Es herrschte wohl ein ständiges Kommen und Gehen. Manche schlossen sich längere Zeit der Gruppe um den Rabbi aus Nazareth an. Andere kehrten nach einer Weile wieder nach Hause zurück und gingen ihren Geschäften nach, um etwas später wieder dazu zu stoßen. Dennoch heißt diese bunte Gesellschaft im Neuen Testament »die Zwölf«.

Die Bibelwissenschaft nimmt an, dass diese Bezeichnung sie als Repräsentanten des Gottesvolks, der zwölf Stämme Israels, ausweisen soll. Sie repräsentieren das neue Volk Israel, das Jesus durch seine Botschaft reformierte. Diese sogenannten Zwölf spielen nach Ostern kaum mehr eine Rolle, mit Ausnahme einiger Einzelpersonen, wie zum Beispiel Petrus, die weiterhin aufscheinen.

Während die »Zwölf« zum kleinen geographischen Bereich Galiläa gehören, vertritt die Gruppe der »Apostel« die Öffnung der Botschaft in die heidnische Welt. Man verstand sich nicht mehr als galiläische Reformbewegung innerhalb des Judentums, sondern als Missionsbewegung für das gesamte römische Reich mit seiner bunten Vielzahl an Völkern, heidnischen Gebräuchen und Glaubenstraditionen. Die zahlenmäßig ebenfalls unbestimmte Gruppe der »Apostel« bildete in Jerusalem die sogenannten »Hellenisten«. Es handelte sich um Griechisch sprechende Juden aus der Diaspora, die als Pilger Jerusalem besuchten und dort die Botschaft Jesu kennenlernten. Ihre Heimat waren die großen Städte Ägyptens, Nordafrikas, Asiens, Italiens und Griechenlands. Ihnen verdankt die christliche Botschaft die rasante und flächendeckende Verbreitung im römischen Reich. Denn als sie nach Hause zurückkehrten, nahmen sie das Bekenntnis mit: »*Gott hat Jesus, den Gekreuzigten, vom Tod auferweckt.*«

Schon kurz nach Jesu Tod gab es Spannungen unter seinen Anhängern

Zwischen den alteingesessenen Mitgliedern aus dem Judentum, also den sogenannten »Zwölf« die gar keine zwölf Personen waren, und den »Hellenisten«, also den Aposteln, gab es Spannungen, berichtet die Apostelgeschichte. Die eine Gruppe betrachtete die Jesusbewegung als jüdische Reformbewegung. Die andere öffnete sie, unabhängig von den jüdischen Wurzeln, für alle Menschen, also auch für Heiden. Diese sollten nicht erst zum Judentum konvertieren müssen, um in den Kreis der Christen aufgenommen zu werden. Unüberwindbar waren die Gegensätze dieser beiden Gruppierungen. So gesehen gab es also in der Christenheit von Anfang an zwei Konfessionen, zwei Gruppierungen, die beide dasselbe Bekenntnis hatten. Die Auswirkungen ihres Glaubens auf ihr Denken und Handeln waren aber grundverschieden.

Bilder prägen mehr als der biblische Text

Die Vorstellung von den »zwölf Aposteln« hat wohl nachhaltig Leonardo da Vincis Bild vom letzten Abendmahl geprägt. Dort sitzen zwölf Männer um einen Tisch. Leonardo positioniert sie in einer klaren Reihenfolge. Von links nach rechts sind es Bartholomäus, Jakobus und Andreas. Petrus, Judas und Johannes. Jesus. Thomas, Jakobus und Philippus. Matthäus, Thaddäus und Simon. Der Künstler bildet hier die Apostelliste aus dem Matthäusevangelium ab. Diese variiert gegenüber der Aufzählung im Lukasevangelium um zwei Personen.

Nach biblischem Bericht nahmen aber am letzten Abendmahl nicht nur die sogenannten »zwölf Apostel« teil. Matthäus und Markus sprechen ganz allgemein von »Jüngern«, die dabei waren. Die Frauen um Jesus sind ebenfalls anwesend. Lukas setzt die »Apostel« mit Jesus an den Tisch, nennt aber keine Zahl. Eine klare Ansage gegen diejenigen, die meinten, nur Juden sollten der christlichen Gemeinde angehören dürfen.

Nur am Rand berichtet Johannes vom Abendmahl und legt den Schwerpunkt darauf, dass Jesus nach einem nicht näher geschilderten Essen seinen Jüngern die Füße wäscht. Auch er sagt nicht genau, wie viele Personen dabei waren. Der Apostel Paulus formuliert in seinem ersten Korintherbrief den ältesten Bericht vom letzten Abendmahl. Mit keinem Wort erwähnt er, wer die Anwesenden waren. Ihm geht es nur darum, was Jesus gesagt und getan hat.

Es gibt auch falsche Apostel

In den 50er Jahren des 1. Jahrhunderts, also bereits in den frühen Anfängen der christlichen Kirche, setzt sich Paulus auch mit Leuten auseinander, die er »falsche Apostel« nennt. Vermutlich handelte es sich um dubiose Gestalten, die sich mit Hilfe gefälschter Empfehlungsschreiben als Abgesandte der Jerusalemer Gemeinde ausgaben. Statt der Botschaft Jesu brachten sie jedoch die

Lehren der griechischen Philosophie in die noch junge christliche Gemeinde in Korinth und stifteten damit erhebliche Verwirrung.

Auch in biblischer Zeit gilt bereits, wo Apostel drauf steht, ist nicht immer Apostel drin. Bloß, dass sich das offenbar noch nicht lückenlos bis in die Jetztzeit herumgesprochen hat.

DIE BUSSE SOLL FREUDE MACHEN

In der Bibel wird sowohl von Menschen als auch von Gott gesagt, dass sie Buße tun. Ja, auch Gott denkt um und ändert sein Handeln. Genau das bedeutet Buße im biblischen Sinn. Bei Gott geschieht dieses Umdenken immer zugunsten der Menschen. Wie bei der Geschichte vom Goldenen Kalb im zweiten Buch Mose.

Das Volk Israel hat sich dem einen unsichtbaren Gott verschrieben. Mit ihm hat es einen Treuebund geschlossen. Aber es ist schwer, an einen Gott zu glauben, den man nicht sieht, zumal alle anderen Völker so wunderbare Götzenbilder zum Anschauen und Angreifen haben. In einer Glaubenskrise, in der der unsichtbare Gott immer ferner, immer unwirklicher wird, machen sich die Israeliten ein goldenes Stierkalb, das nun ihr Gott sein soll. Vergnügt tanzen sie um die goldene Statue. Doch die neue Leichtigkeit hat einen Haken. Gott findet das Stierkalb gar nicht gut. Er ist erzürnt und beleidigt. Der Treuebruch macht ihn so zornig, dass er beschließt, die Abtrünnigen zu vernichten. Er teilt Mose, dem Anführer des Volks, seinen Entschluss mit. Von diesem Moment an beginnen harte Verhandlungen, in denen sich Mose äußerst geschickt anstellt. Er packt Gott bei seiner Ehre.

»Da hast du uns mit allen Mitteln aus der Sklaverei in Ägypten befreit und uns das Überleben in der Wüste ermöglicht und nun soll alles umsonst gewesen sein? Was werden die Ägypter denken, wenn du uns jetzt fallen lässt?«

Mose bittet hier nicht in eigener Sache, denn Gott bietet ihm an, nach der Vernichtung Israels mit ihm gemeinsam ein neues Volk zu gründen. Moses Argumente zeigen Wirkung. *Da gereute den Herrn das Unheil, das er seinem Volk zugedacht hatte,* erzählt die hebräische Bibel und verwendet dabei das Wort »naham«, das sie auch für die Buße der Menschen gebraucht.

Gott betrachtet die Situation nun aus einem anderen Blickwinkel. Er stellt die Kränkung hintan und öffnet sich für politische Überlegungen. »Was werden die Ägypter von mir denken?

Werde ich als Befreier eines ehemaligen Sklavenvolks nicht unglaubwürdig?«

Diese neue Perspektive verändert auch die Handlungen Gottes. Statt über sein Volk eine vernichtende Katastrophe hereinbrechen zu lassen, schließt er mit ihm einen neuen Bund.

Buße heißt Erkennen und Handeln

Buße im biblischen Sinn beinhaltet zwei wesentliche Schritte. Erstens, die Erkenntnis, dass ein Plan zu einem unerwünschten Ergebnis führen würde. Zweitens, die Fähigkeit, von einem geplanten Vorhaben abzurücken, um eine bessere Strategie zu entwickeln.

Mit der Zeit wurde aus diesem ganz natürlichen, vernunftgeleiteten Verhalten eine ziemlich peinliche Angelegenheit. Eine regelrechte Selbsterniedrigung, wie sie die Geschichte des sprichwörtlichen Canossaganges beschreibt:

König Heinrich IV. hatte sich mit Papst Gregor VII. überworfen. Es entzündete sich ein Machtkampf, in dem der Papst der Stärkere war. Er exkommunizierte den widerspenstigen König und verwehrte ihm den Empfang der Sakramente. Diese Maßnahme war für Heinrich eine politische Katastrophe. Um die Rücknahme der Exkommunikation zu erreichen, stand König Heinrich mehrere Tage in einem Sack gekleidet vor der Burg Canossa, dem Aufenthaltsort des Papstes. Er hielt eine Kerze in der Hand und trug einen Strick um den Hals. Alle konnten den König in dieser erniedrigenden Situation sehen.

Papst Gregor VII. gefiel diese unterwürfige Geste. Dennoch hat sie nichts mit Buße im biblischen Sinn zu tun. Dort geht es nicht um Selbsterniedrigung und auch nicht um ein schlechtes Gewissen. Beides lähmt die Entschlussfähigkeit und die Tatkraft des Menschen. Genau diese beiden Elemente sind für Buße im biblischen Sinn notwendig. Schließlich geht es darum, einen Plan zu verwerfen, um Platz für eine neue, viel bessere Perspektive zu bekommen.

Buße gibt dem Menschen Selbstwert und Würde

Buße im biblischen Sinn funktioniert ohne Vorwurf, ohne moralische Vorhaltungen, ohne Schadenfreude und ohne Machtspielchen. Es geht um ein zielgerichtetes Handeln.

Im Himmel herrscht reine Freude, wenn ein Mensch umkehrt, erzählt Jesus. Die Freude über die, die immer schon am rechten Weg unterwegs sind, hält sich dagegen in Grenzen.

So wird auch Freude im Himmel sein über einen Sünder, der Buße tut, mehr als über neunundneunzig Gerechte, die der Buße nicht bedürfen.

Die Sünder, von denen hier die Rede ist, sind Menschen, die ihr Tun und Lassen kritisch betrachten und danach Kurskorrekturen vornehmen. Die Gerechten sind jene Selbstzufriedenen, die meinen, grundsätzlich auf dem rechten Pfad zu wandeln und immer das Angemessene zu tun. Genau diese Haltung macht sie in den Augen Jesu fragwürdig. Ich meine, dass sich daran bis heute nichts geändert hat. Ich habe großen Respekt vor Strafgefangenen, die zu ihren Taten stehen und die Strafe dafür akzeptieren. Leute, die immer nur darauf bedacht sind, niemals an irgendetwas Schuld zu sein, sind mir hingegen suspekt.

Der biblische Gott erlaubt sich, seinen Sinn und seine Handlungen zu ändern. Das gilt auch für den wesentlich fehleranfälligeren Menschen.

In der Bibel gibt es keine Vorschriften, wie Buße auszusehen hat. Auf jeden Fall geht es nicht um irgendwelche Gebete, die zwanghaft aufgesagt werden müssen. Buße ist keine fromme, in der Kirche abzuleistende, Angelegenheit. Sie ist ein fröhliches Ereignis, das mitten im Leben stattfindet und eine wohltuende Veränderung bewirkt. Buße nimmt Menschen ernst und gibt ihnen ihren Selbstwert und ihre Würde zurück. Denn am Ende des Weges steht eine Lösung, die wesentlich besser ist als jene, die der ursprüngliche Plan hervorgebracht hätte.

Mit dem Bild von König Heinrich vor der Burg Canossa oder Gläubigen zu Martin Luthers Zeiten, die in Rom auf Knien die

Stiegen zum Kapitol hinaufkrochen, hat diese Form von Buße nichts zu tun. Aber Buße im biblischen Sinn ist nun mal nicht dazu geeignet, Herrschaft über Menschen auszuüben. Sie erfordert eine wache, aufmerksame, klar denkende Persönlichkeit. Es geht um die Lust, zu experimentieren und Erfahrungen zu machen. Es geht darum, sich selber zu erproben und aus Fehlern zu lernen, also umzukehren. Nüchtern und klar. Ganz ohne schlechtes Gewissen. Stattdessen mit viel Freude am besseren Weg, so wie es Gott in der Bibel vormacht.

JESUS FORDERT ZUM WIDERSTAND AUF

Spät nachts geht ein Mensch durch die dunklen Straßen einer Stadt. Da springt hinter einer Hausecke eine dubiose Gestalt hervor. Sie hat ein Messer in der Hand.

»Gib mir dein Handy, oder ich stech' dich ab!«, ruft der Unbekannte mit der Waffe. Sein Opfer erschrickt, nimmt das Handy aus der Brusttasche seiner Jacke und reicht es dem Angreifer. Das Opfer wehrt sich nicht. Stattdessen mustert es den Räuber. Die Kleidung, den Körperbau, natürlich auch das Gesicht, sofern es nicht vermummt ist. Der Räuber schnappt sich das Handy und läuft davon. Damit ist die Gefahr gebannt.

Das Überfallsopfer hat hier klug reagiert. Es ist keinesfalls ein Feigling gewesen, sondern hat sich auf die einzig sinnvolle Art des Widerstands konzentriert, also auf die genaue Beobachtung des Täters. Damit kann das Opfer der Polizei genaue Angaben über Aussehen und Verhalten des Täters machen. Die Polizei kann ein Phantombild anfertigen und die Fahndung aufnehmen. Mit etwas Glück wird der Täter geschnappt und weiteren Menschen bleibt so dasselbe Schicksal erspart. Das Opfer hat hier ganz im Sinne Jesu gehandelt.

Jesus entzog sich, wenn es gefährlich wurde

Jesus hat eine ganz bestimmte Form des Widerstands praktiziert. Er ist ausgewichen, hat sich umgedreht und ist weggegangen. Nach so manchem Zusammenstoß mit Gegenspielern, egal, ob es sich um Pharisäer, Sadduzäer, oder andere Widersacher handelte, *ließ er sie stehen und ging davon.*

Ausweichen ist eine Möglichkeit der Konfliktvermeidung, die nicht sehr heldenhaft wirkt. Aber sie funktioniert. Auch seinen Jüngern empfahl Jesus dieses Verhalten. *Wenn die Bewohner eines Ortes eure Botschaft vom Reich Gottes nicht hören wollen, dann schüttelt den Staub von euren Füßen und geht woanders hin.* Dieses Desinteresse der Ortsbewohner konnte durchaus in Gewalt ausarten. Als Jesus am Shabbat die hebräische Bibel auslegte, attackierten ihn die Gottesdienstbesucher, weil seine Auslegung sie ärgerte. Kurzerhand wollten sie ihn von einem Felsen stürzen. In solchen brandgefährlichen Momenten hat er nicht Gewalt angewandt, sondern sich gekonnt entzogen.

Die moderne Friedensforschung sieht im »Weggehen« den ersten Schritt zur Deeskalation eines Konflikts. Christliche Kriegsführer haben in früheren Jahrhunderten genau das Gegenteil getan. Sie haben mit Vehemenz den Konflikt gesucht. Im Fall der Kreuzzüge nahmen sie sogar einen beschwerlichen Anmarsch auf sich, um überhaupt erst in die Nähe des Konflikts zu gelangen. Ähnliches geschah im Dreißigjährigen Krieg. Die Kriegsherren prägten ein Bild vom Christsein, das der Botschaft Jesu widersprach. Das Martyrium, das Leiden, dürfe ein wahrer Christ nicht scheuen, war die fatale Losung des Krieges. Ja, er müsse es sogar suchen. Je mehr Leid, je mehr Anfeindung ein Christenmensch erfahre, desto besser sei es für seine himmlische Zukunft. Was für ein Unfug! Aber irgendwie kann ich die konfliktwütigen Christenführer verstehen. Das Ausweichen Jesu ist für das gängige Jesusbild ziemlich befremdlich. Eigentlich sind wir gewohnt, dass Jesus sich zuwendet und dableibt.

Ich finde sein Weggehen, sein Abbrechen von Kommunikation, trotzdem befreiend.

Es sagt mir, dass ich mir nicht alles anhören und nicht in jeder Situation bis zum bitteren Ende durchhalten muss. *Er ließ sie stehen,* erzählen die Evangelien. An dieses Vorbild halte ich mich gerne.

Gewaltlose Selbstverteidigung, wenn Ausweichen nicht möglich ist

Wie gewaltloser Widerstand aussehen kann, in Situationen, in denen Weggehen nicht möglich ist, lehrt die sogenannte Bergpredigt. Hier gibt Jesus eine beispielhafte Anleitung zur Selbstverteidigung.

Er mutet den Seinen zu, sich originelle Formen der Gegenwehr auszudenken. Körperliche Gewalt gehört nicht dazu.

Jesus sagt zum Beispiel: *Wenn dich jemand nötigt, eine Meile zu gehen, so geh mit ihm zwei.*

Auf den ersten Blick klingt diese Vorgabe wie eine besonders rückgratlose Form von Nachgiebigkeit. In Wahrheit ging es um das geschickte Ausnutzen der geltenden Rechtslage. Die römischen Besatzungssoldaten durften Bürger zum Tragen von Gepäck rekrutieren. Allerdings nur eine Meile weit. Danach mussten sie den Mann wieder nach Hause entlassen und jemand anderem ihr Gepäck aufhalsen. Wer die zweite Meile stillschweigend mitging, statt nach der ersten umzukehren, setzte den Besatzungssoldaten ins Unrecht. Dieser musste sich nun verantworten, warum er die Vorschrift nicht eingehalten hatte. Er bekam wegen seiner Nötigung Schwierigkeiten. Die Dummheit derjenigen, die sich übermächtig vorkommen, zum eigenen Vorteil auszunutzen, das ist eine Strategie, die ich genial finde, wenn es um den Kampf gegen Machtmissbrauch geht.

Etwas anders verhält es sich mit dem oft zitierten Grundsatz: *Wenn dich jemand auf deine rechte Backe schlägt, dem biete auch die andere dar.*

Zu Jesu Lebzeiten kam es oft zu Handgreiflichkeiten, wenn Männer in Streit gerieten. Wie eine Ohrfeige gegeben wurde, das machte den entscheidenden Unterschied. Eine Ohrfeige mit der rechten Hand war eine ehrenwerte Sache. Der andere hat sich die getroffene linke Backe gehalten. Er hat geschimpft oder zurückgeschlagen. Nach der Auseinandersetzung konnten die Kontrahenten in Frieden auseinandergehen. Anders verhielt sich die Angelegenheit, wenn einer die Ohrfeige mit dem Handrücken gab. Das war eine tödliche Beleidigung. Die rechte Backe, die nun getroffen wurde, hat wahrscheinlich nicht mehr geschmerzt als die linke nach einer »normalen« Ohrfeige. Aber die Wut, die Erniedrigung, die Beschämung, mit dem Handrücken geschlagen worden zu sein, war unerhört. Auf diese Art schlugen die Herren ihre Sklaven.

Wer dem Schläger nach so einer beleidigenden Ohrfeige mit dem Handrücken auf die rechte Backe die ehrbare Linke hinhält, verdirbt ihm den Akt der Erniedrigung. Es wird ihm ganz deutlich gezeigt: »Du kannst mich nicht beleidigen.« Die Sympathie der Umstehenden haben bis heute diejenigen, die den Rat Jesu befolgen und sich nicht beleidigen lassen.

Widerstand ist zeitgemäß

Fantasievoll, gewaltfrei und der Situation angemessen die Täter maßregeln, die mit Stärke zu handeln meinen und sich für unangreifbar halten, das ist heute genauso wichtig wie damals.

Die Bibel empfiehlt, sich nicht zu unterwerfen, sondern intelligenten Widerstand zu leisten. Niemand muss sich zum Opfer machen.

JESUS HAT NIEMANDEN EXKOMMUNIZIERT

In Österreich gibt es 27 Gefängnisse.

In diesen Justizanstalten betreuen Seelsorger verschiedener Konfessionen die Gefangenen. Dazu gehört auch das Angebot von muslimischen, jüdischen, evangelischen, orthodoxen und katholischen Gottesdiensten.

Auch Mörder empfangen die Kommunion

Im Rahmen solcher Gottesdienste kommt manchmal ein Mann, der wegen Mordes zu lebenslanger Haft verurteilt wurde, in die katholische Messe und empfängt die Kommunion. Das ist gut so. Das entspricht auch dem katholischen Kirchenrecht.

Hat sich derselbe Mann aber vor seiner Tat scheiden lassen und danach wieder geheiratet, darf er die Kommunion nicht empfangen. Er gilt als exkommuniziert. Die Sakramente kann er nun nicht mehr empfangen.

Keiner der katholischen Gefängnisseelsorger, die ich kenne, würde dem geschiedenen und wiederverheirateten Verbrecher die Kommunion verweigern. Indem sie solchen Menschen am »Tisch des Herrn« das Brot reichen, begehen sie streng genommen eine Verfehlung gegen das katholische Kirchenrecht. Wohlgemerkt, das Problem ist nicht der Mord, sondern eine weitere Eheschließung nach der Scheidung. Klingt skurril, ist aber so.

Jesus hat niemanden exkommuniziert

Am Tisch des Herrn, beim gemeinsamen Essen mit Jesus, saßen ganz unterschiedliche Leute. Den »harten Kern« bildeten Jesu Weggefährten, die Jüngerinnen und Jünger. Die gemischte Tischgesellschaft entsprach ganz und gar nicht den damaligen Gepflogenheiten. Männer blieben beim Essen in der Regel unter sich. Jesus übertrat somit häufig und wohl auch bewusst gesellschaftliche Konventionen. Manchmal kümmerte sich auch eine zwielichtige Gestalt, ein wenig angesehenes Mitglied der damaligen Gesellschaft, um die Verpflegung. Den Evangelien nach luden gerade schlecht beleumdete Menschen Jesus besonders oft zum Essen ein. Dieser nahm solche Einladungen gerne an. Wie mir scheint, sah er in solchen Treffen eine Gelegenheit, seine Position unmissverständlich deutlich zu machen. Im Zuge solcher Mahlzeiten ging es meistens darum, dass Gott auch die Gestrauchelten und Gefallenen zu sich lädt. Hungrig nach Gemeinschaft zu sein, sei die einzige Bedingung. Ein Leben ohne Brüche und Schuld wäre hingegen kein Kriterium für die Tischgemeinschaft im Reich Gottes.

Judas nahm am letzten Abendmahl teil

Bis zuletzt hielt Jesus diese Haltung durch. Als Judas ihn verraten wollte, merkte Jesus sofort, dass irgendetwas nicht stimmte. Dazu brauchte er gewiss keine übernatürlichen Kräfte, sondern nur ein wenig Menschenkenntnis, die der Mann aus Nazareth zweifelsohne hatte. Den geplanten Verrat erkannte Jesus wohl am ausweichenden und distanzierten Verhalten des Freundes. Schon lange wusste er, dass seine Gegner eine Gelegenheit suchten, ihn zu vernichten. Oft genug war er ihnen gerade noch entkommen und hatte ihre Pläne vereitelt.

Die letzte gemeinsame Mahlzeit Jesu mit seinen Freunden fällt mit einer jüdischen, religiösen Feier zusammen. Es ist ein Sedermahl im Rahmen des jüdischen Passahfestes. Dieses große Fest verläuft bis heute nach einer bestimmten Liturgie. Der Hausvater leitet die familiäre Feier. Er spricht die vorgesehenen Worte und vollzieht die traditionellen Handlungen.

Während dieser Feier, dem letzten Abendmahl, im Kreis seiner Freunde spricht Jesus nicht nur die traditionellen Worte und Gebete in der Rolle des Hausvaters. Er sagt auch: *Einer von euch wird mich verraten.* Im Markus- und im Lukasevangelium bleibt offen, wer dieser Verräter sein könnte. Alle reagieren entsetzt. Bei Matthäus entspinnt sich ein Dialog zwischen Jesus und Judas. Danach geht die Feier weiter. Im weiteren Verlauf spricht Jesus die Worte, die bis heute in den christlichen Kirchen aller Sprachen und Konfessionen vor der Eucharistie gesprochen werden. *Nehmt, esst, das ist mein Leib. Trinkt, das ist mein Blut.* Diese Worte sind nicht Bestandteil des ursprünglichen jüdischen Festverlaufes. Alle, auch Judas, haben damals von diesem Brot gegessen und aus dem gemeinsamen Becher getrunken. Anschließend ging er, um den Häschern den nächtlichen Aufenthaltsort Jesu zu verraten. In weiterer Folge schwor Petrus, Jesus nicht zu kennen. Die anderen liefen davon, als es brenzlig wurde. Auch ihr Verhalten konnte Jesus zumindest erahnen. Er hat es kurz vor seiner Verhaftung vorhergesagt. Dennoch hat er alle seine schwachen, treulosen und furchtsamen Weggefährten beim gemeinsamen Abschiedsmahl am Tisch willkommen geheißen.

Eine Tischgemeinschaft gehörte von Anfang an zum Gottesdienst dazu

Dokumente aus der Mitte des 1. Jahrhunderts unserer Zeitrechnung bezeugen, dass in den christlichen Gemeinden die Tischgemeinschaft ein unverzichtbarer Bestandteil des Gottesdienstes war. Zum Entsetzen der heidnischen Umwelt speisten auch Leute miteinander, die das in der damaligen Gesellschaft gewöhnlich niemals getan hätten. Es galt als ungehörig, wenn Männer mit Frauen aßen. Sklaven und Sklavenbesitzer saßen nie gemeinsam an einem Tisch. Die Christen ignorierten diese Regeln. Sie erregten Aufsehen mit ihrer Praxis, niemanden vom gemeinsamen Essen auszuschließen. Am Anfang des Gottesdienstes gab es ein richtiges Abendessen. Für die Armen der kleinen Gemeinden bedeutete das eine willkommene Stärkung, schließlich wurden sie nicht alle Tage satt. Anschließend brachen sie das Brot und tranken aus einem gemeinsamen Becher zum Gedächtnis des Todes und zur

Feier der Auferstehung Jesu. Dabei wiederholten sie seine Worte beim letzten gemeinsamen Essen: »Das ist mein Leib. Das ist mein Blut.«

Der jeweilige Hausbesitzer, bei dem dieses Treffen stattfand, hatte wohl auch den Vorsitz. Handelte es sich beim Hausbesitzer um eine Frau, lag der Vorsitz in weiblicher Hand. Der Vorsitzende übernahm also die Rolle, die Jesus bei seinem letzten Abendmahl innehatte. Niemand wäre bei diesen ersten Feiern der Christen an Sonntagabenden auf die Idee gekommen, dass der Vorsitzende Brot und Wein in Leib und Blut Jesu verwandelt. Des Weiteren wäre niemand auf die Idee gekommen, die Reste in einen besonderen Schrank zu sperren und anzubeten. Die ersten Gemeinden ließen wohl nichts übrig, allein schon wegen der vielen Hungernden, die es in den frühen Gemeinden in größerer Zahl gab. Keiner hätte wiederverheiratete Geschiedene ausgeschlossen, oder gar am Gottesdienst teilnehmen lassen und ihnen dann als öffentliche Demütigung das Essen verweigert.

Spätere Zeiten gaben sich phantasievollen Spekulationen hin, auf welche Weise die Hand des Priesters Brot und Wein zu Fleisch und Blut Christi verwandelt. Sie dachten sich Regeln aus, wer vom gemeinsamen Essen ausgeschlossen werden sollte. Die Liste geriet ziemlich lang und enthielt nicht nur die wiederverheirateten Geschiedenen, sondern auch Kinder. Erst mussten sie Unterricht nehmen, dann erst durften sie mitessen.

Die Evangelischen Kirchen übertrafen jahrhundertelang die katholische Kirche, was den Ausschluss der Kinder vom Abendmahl betraf. Katholische Kinder durften bereits im zarten Alter von sieben Jahren die Kommunion empfangen. Evangelische mussten bis zum vierzehnten Lebensjahr warten und eine Prüfung absolvieren, um dann endlich in der Gemeinde das Brot mitessen und aus dem Kelch mittrinken zu dürfen. Erst in den 1990er-Jahren fand eine Neuorientierung der evangelischen Kirchen des deutschen Sprachraumes statt. Sie folgten dem Beispiel der orthodoxen Kirchen, die keine Altersbeschränkung für die Teilnahme von

Kindern bei der Kommunion kennen. Seither nehmen auch evangelische Kinder ab dem Zeitpunkt ihrer Taufe am Abendmahl teil.

Ein weiterer Ausschließungsgrund ist bis heute die Zugehörigkeit zu einer andern Kirche, einer anderen Konfession. Evangelische sind vom katholischen und orthodoxen Tisch des Herrn exkommuniziert, bei den Anglikanern aber gern gesehene Gäste. Ein Wirrwarr aus Ein- und Ausladungen kennzeichnet heute die christliche Tischgesellschaft.

Die Evangelischen Kirchen haben auch hier in der zweiten Hälfte des 20. Jahrhunderts umgelernt. Heute heißen sie alle Getauften, ganz gleich welcher Kirche sie angehören, beim Abendmahl willkommen.

Menschen, die keiner Kirche angehören, wundern sich, wie man seit Jahrhunderten darüber streiten kann, ob ein Mensch ein Stückchen Brot in Form einer Oblate essen darf oder nicht. Ich kann ihr Befremden verstehen. Denn im Sinne Jesu verhalten sich die Kirchen hier gewiss nicht. Er hatte mit den wunderlichsten Gestalten und mit seinen untreuen Freunden Tischgemeinschaft.

NIEMAND WEISS, OB JESUS TAPFER STARB

Das bekannte Werk »Die sieben letzten Worte unseres Erlösers am Kreuze« von Josef Haydn liegt in mehreren Fassungen für Orchester, Streichquartett, Tasteninstrument und als Oratorium vor. Der Komponist bringt das, was die Bibel ganz unzusammenhängend darstellt, in eine zeitliche Reihenfolge. Das Werk vermittelt den Eindruck, als würden die vier Evangelien die gleiche Geschichte von der Kreuzigung Jesu erzählen. Es wirkt, als hätte Jesus alle sieben sogenannten Kreuzesworte in der dargestellten Reihenfolge gesprochen.

Aber die Evangelien erzählen vier unterschiedliche Geschichten. Jede zeigt einen anderen Jesus. Die grausame Hinrichtung am Kreuz ist der kleinste gemeinsame Nenner. In den Details setzt jeder der vier Evangelisten theologische und persönliche Schwerpunkte, wenn er das Geschehen rund um den Berg Golgatha beschreibt.

Markus und Matthäus zeigen Jesus als armselig sterbenden Menschen

Beginnen wir mit dem ältesten Buch, dem Markusevangelium. Jesus scheint hier den römischen Schergen vollkommen ausgeliefert zu sein. Schweigend duldet er, dass ihn die Leute verspotten. Auch die zwei, die mit ihm gekreuzigt werden, verhöhnen ihn. Eine absurde Situation ist das, wenn zwei Hinrichtungskandidaten den dritten Leidensgenossen verbal attackieren. Jesus sagt dem Bericht des Markus zufolge nur einen einzigen Satz: *Mein Gott, mein Gott, warum hast du mich verlassen?*

Er spricht hier den ersten Vers aus Psalm 22. Es handelt sich, um ein altes Klagegebet, das vor ihm Generationen von Juden im Angesicht des Todes gesprochen haben. Mit einem lauten Schrei stirbt Jesus. Es ist kein Heldentod, den Markus uns hier zeigt. Kein erhabener Herr weit und breit, der bis zuletzt einem Mitgekreuzigten das Paradies verheißt.

Hier stirbt ein Mensch, den grausamen Hinrichtungsmethoden der anderen ausgeliefert, von Gott verlassen. Er stirbt offenbar schneller, als es den Gekreuzigten üblicherweise vergönnt war, denn: *Pilatus wunderte sich, dass er schon tot sei.*

Matthäus folgt im Großen und Ganzen der Darstellung des Markus. Auch er weiß nur von dem einen Satz, den Jesus betet und von dem letzten Todesschrei.

Das Lukasevangelium zeigt Jesus als Herr der Lage

Bei Lukas wandelt sich die Szene. Jesus bittet hier für seine Henker und bleibt damit Herr der Situation.

Vater, vergib ihnen, denn sie wissen nicht, was sie tun. Die beiden mit Jesus Gekreuzigten kommen mit ihm ins Gespräch. Der eine wendet sich an ihn mit der Bitte: *Gedenke an mich, wenn du in dein Reich kommst.*

Wahrlich, ich sage dir, heute wirst du mit mir im Paradiese sein, antwortet Jesus darauf souverän. Das Gebet, das Jesus zuletzt spricht, ist voll Vertrauen zu Gott. *Vater, in deine Hände befehle ich meinen Geist.* Kein Todesschrei stört dieses Bild des hoheitsvollen, friedlichen und erhabenen Sterbens.

Das Johannesevangelium zeigt Jesus am Kreuz thronend

Noch souveräner ist Jesus, wie ihn Johannes uns zeigt. Der Gekreuzigte thront eher auf den hölzernen Balken, als dass er auf ihm hängt. Er versorgt seine Mutter, die ihren Ältesten und damit auch den Ernährer und Beschützer verliert.

Weib, siehe, das ist dein Sohn, spricht er zu Maria und verweist sie an den Jünger, der neben ihr unter dem Kreuz steht. Zum Mann sagt er: *Siehe, das ist deine Mutter.*

Nachdem das Vermächtnis geregelt ist, sagt Jesus: *Mich dürstet.* Johannes aber betont, dass es hier weniger um das Bedürfnis nach Flüssigkeit geht, sondern vielmehr um den unbändigen

Willen, die alten Verheißungen buchstabengetreu zu erfüllen. So, als wäre die Kreuzigung eine Aufgabe, die es pflichtbewusst zu erledigen gilt, spricht Jesus zuletzt: *Es ist vollbracht.*

Hoheitsvoll neigt er das Haupt und stirbt.

Der Armselige, den Markus uns zeigt, und der Hoheitsvolle aus dem Johannesevangelium, der bis zuletzt Regie in seinem eigenen Lebensdrama führt, stellen nicht ein und dieselbe Person dar. Die sieben Worte am Kreuz, können nicht in ein und derselben Situation von einem einzigen Menschen gesprochen worden sein.

Bereits die Evangelisten deuten den Tod Jesu verschieden

Der Grund, warum sich in vier Evangelien vier verschiedene Darstellungen finden, ist relativ einfach. Es ging den Evangelisten um theologische Schwerpunktsetzungen, die der eigenen Perspektive auf Jesus und sein Wirken entsprachen. Deshalb vier verschiedene Sichtweisen und vier verschiedene Jesusbilder. Die vielbeschworene Einheit, die einmütige Sichtweise auf Glaubensdinge, hat es auch in den Anfängen des Christentums nicht gegeben. Die biblischen Schriften sehen darin kein Problem und lassen die verschiedenen Zugänge nebeneinanderstehen. Insofern ist das Prinzip der religiösen Eindimensionalität ein Phänomen, das keine biblische Fundierung hat.

Nur in einer Sache waren sich Matthäus, Markus, Lukas und Johannes einig, und zwar in Bezug auf die zentrale Botschaft des christlichen Glaubens.

Gott hat Jesus aus dem Tod gerettet und in ein neues Leben geführt.

JESUS HATTE VIER BRÜDER

»Stille Nacht, heilige Nacht ... holder Knabe in lockigem Haar. Schlaf in himmlischer Ruh!«

Alle Jahre wieder singen Menschen rund um den Erdball zu Weihnachten dieses Lied. Den Text hat Josef Mohr vor fast 200 Jahren gedichtet. Mittlerweile ist das Lied immaterielles UNESCO-Kulturerbe.

Obwohl Josef Mohr, wie seine Geschwister, unehelich geboren wurde, durfte er mit Sondererlaubnis des Papstes Priester werden. Er bedankte sich mit einem Klassiker der Weihnachtskultur, der bis heute von der nachlässigen Bibelauslegung rund um Christi Geburt ablenkt. In seinem Lied malt Josef Mohr eine Familienidylle rund um ein Neugeborenes, das ganz offensichtlich ein Einzelkind ist. Ich vermute, dass der Text unbewusst seiner eigenen Sehnsucht nach einer kleinen, heilen Familienwelt entspricht.

Unbestritten ist jedoch, dass wegen dieses Liedes Millionen Menschen ein entscheidendes Wort übersehen, wenn sie in den Weihnachtsgottesdiensten und unter dem Christbaum die entscheidende Stelle aus dem Lukasevangelium hören: *Und sie gebar ihren ersten Sohn und wickelte ihn in Windeln.* Wem hier noch nichts auffällt, dem gibt die sogenannte »Einheitsübersetzung« der katholischen Kirche den entscheidenden Hinweis. Dort steht: *Und sie gebar ihren Sohn, den Erstgeborenen ...*

In der Weihnachtsgeschichte erfahren wir also, dass Jesus der »Erstgeborene« ist.

Erstgeborene sind keine Einzelkinder. Die Einordnung in eine numerische Ordnung zeigt, dass es zumindest ein Geschwisterchen geben muss. Da macht auch Jesu Familie keine Ausnahme. Wäre er ein Einzelkind gewesen, hätten die biblischen Chronisten wohl eine andere Formulierung gewählt. Zum Beispiel: »Und sie gebar ihr einziges Kind.«

Das Markusevangelium spricht klipp und klar davon, dass Maria mehrere Kinder hatte. Jesus verließ als erwachsener Mann das Elternhaus und seine Heimatstadt Nazareth. In der Stadt Kapernaum an den Ufern des Sees Genezareth machte er sich einen Namen als Heiler und Prediger. Das sprach sich bis in das Provinznest Nazareth herum.

Als Jesus in seine Heimatstadt zurückkehrte, war er schon so etwas wie eine Berühmtheit. Am Shabbat ging er mit seinen Jüngern zum Gottesdienst in die heimatliche Synagoge, wie er es schon in Kindheitstagen mit seiner Familie getan hatte. Jeder erwachsene Mann konnte sich für die Schriftlesung und Auslegung beim Vorsteher melden. Jesus ergriff die Gelegenheit und hielt eine Predigt.

Die Menschen kannten ihn von Kindesbeinen an. Sie hatten ihn lange nicht gehört und gesehen. Nun, da er so fesselnd zu ihnen sprach, wunderten sie sich über seine Wandlung. Unruhe ergriff die Synagoge. Die Menschen tuschelten.

Woher hat er das?, fragten sie. *Und was ist das für eine Weisheit, die ihm gegeben ist? Ist er nicht der Zimmermann, Marias Sohn, und der Bruder des Jakobus und Joses und Judas und Simon? Sind nicht auch seine Schwestern hier bei uns?*

Jesus hatte mindestens zwei Schwestern

Hier sind sie, die Geschwister des Jesus von Nazareth. Die Schwestern sind namenlos, weil in der damaligen Gesellschaft unbedeutend, und in unbestimmter Mehrzahl, während die Brüder exakt benannt werden. Jesus hatte also mindestens sechs Geschwister. Er war der Älteste, der Erstgeborene.

Dass Lukas in seinem Evangelium nur von Jesu Geburt und nichts von den Geschwistern erzählt, ist verständlich. Ihm ging es um das Wesentliche und das war nun mal der Erstgeborene.

Die geschwisterliche Lücke hat Lukas jedoch später in der Apostelgeschichte geschlossen. Dort erzählt er, dass nach dem Tod Jesu seine Brüder hochangesehene Mitglieder der ersten christlichen Gemeinde in Jerusalem waren.

Jesu ältester Bruder Jakobus hätte der erste Papst sein können

Jesus nächstälterer Bruder war Jakobus. In der christlichen Tradition erhielt er den Beinamen »Herrenbruder«. Die frühkatholische Tradition sagte »frater domini«, was genau dasselbe bedeutet. Die Apostelgeschichte und die Briefe des Paulus beschreiben Jakobus als zentrale Figur in der Jerusalemer Gemeinde. Paulus nennt ihn im Galaterbrief gemeinsam mit Petrus und Johannes eine »Säule« der Gemeinde.

Das heißt, Jakobus gehörte zum dreiköpfigen Leitungsgremium. Innerhalb der Jerusalemer Urgemeinde führte er eine Gruppierung an, die sich streng an die jüdischen Religionsgesetze hielt. Das brachte ihm den Beinamen »der Gerechte« ein.

Jakobus und seine Gefolgschaft forderten auch von neu getauften Christen aus dem Heidentum, dass sie sich strikt an die jüdischen Religionsgesetze halten. Vor allem die vielfältigen Speisevorschriften und die Beschneidung überforderten die Menschen, die ohne diese Traditionen aufgewachsen waren.

Der Apostel Paulus sah deshalb Handlungsbedarf. Er trat für die Befreiung von allen jüdischen Vorschriften für sogenannte Heidenchristen ein. Paulus selbst erzählt von heftigen Auseinandersetzungen, die sich zwischen ihm und dem Leitungsgremium in Jerusalem abgespielt haben.

Der Konflikt mündete in der ersten Teilung der christlichen Gemeinde. Fortan war Jakobus für die Menschen mit jüdischem Hintergrund und Paulus für die Christen aus dem Heidentum zuständig. Der Bruder Jesu war also eine wesentliche Führungsfigur in der allerersten christlichen Spaltung.

Jakobus und Paulus vermieden nach der Teilung weitere Konfrontationen. Jakobus wurde schließlich alleiniger Leiter der Gemeinde in Jerusalem. Er profitierte von der Tatsache, dass Jesus sein Bruder war. Doch nicht nur seine familiären Bande sprachen für ihn. Der frühchristliche Historiker Hegesip schrieb, dass die

Knie des Jakobus vom vielen Beten schwielig waren, wie bei einem Kamel. Jakobus dürfte sich auch aufgrund seiner kompromisslosen Frömmigkeit unantastbar gemacht haben.

Wenn wir seine Position und seine Rolle in der christlichen Urgemeinde in Betracht ziehen, drängt sich mir eine Frage auf. Warum schreibt die Kirchengeschichte nicht dem Jakobus die Rolle des ersten Papstes zu, sondern dem Paulus?

Jakobus war ein Unbeirrbarer. Ein Hardliner in der Frage der Lehre. Einer, der sich eher von Weggefährten trennte, als von seinen religiösen Grundsätzen abzulassen.

Seine familiäre Herkunft war seine Legitimation. Er kannte Jesus so gut, wie eben nur ein Bruder den anderen kennen kann. Schlussendlich gab Jakobus sein Leben für die Sache und starb den Märtyrertod durch Steinigung. Sein Grab soll in Jerusalem liegen.

Viele werden sich fragen, warum Paulus das Privileg bekommen hat, als Vorgänger und Stammvater der Päpste zu gelten. Zumal er auch als wankelmütig, aufbrausend und unzuverlässig beschrieben wird.

Der Grund für diese Rolle ist kirchenpolitischer Natur. Paulus soll in Rom gewesen und dort begraben worden sein. Pikanterweise ist dieses Detail historisch viel schlechter belegt als die Existenz des Herrenbruders Jakobus und der übrigen Geschwister Jesu.

Bereits vor 2000 Jahren war das Interesse an prominenten Familien groß. Auf diese Weise wurde Jesu Familie zum Gegenstand zahlreicher Geschichten und Mythen. Die damalige Sensationsliteratur füllte die Lücken mit oftmals spekulativen Überlieferungen. Dabei war die Sensation oft wichtiger als die Plausibilität. Dementsprechend unsicher sind manche Spuren des Jesusclans. Bestes Beispiel sind die zunächst namenlosen Schwestern. Außerbiblische Überlieferungen sprechen mal von Assia und Lydia und dann wieder von Marta und Salome. Dass es mehr als zwei gewesen sein könnten, zog so gut wie niemand in Betracht.

Ab dem vierten nachchristlichen Jahrhundert haben die Bibelkommentatoren die Existenz der Geschwister Jesu umgedeutet.

Halbgeschwister sollen sie gewesen sein, aus einer früheren Ehe des verwitweten Josef. Manche sprechen gar nur von Cousins und Cousinen. Auf der Internetseite Kathpedia.com führen User einen heftigen Abwehrkampf gegen die Vorstellung, dass Jesus leibliche Brüder gehabt haben könnte.

Die Erklärung für die verheimlichten Geschwister ist relativ einfach. Eine Großfamilie mit Jesus als Erstgeborenem untergräbt die Vorstellung, dass Maria auf immer und ewig jungfräulich geblieben sei. Selbst die phantasievollsten Verfechter dieser Lehre stoßen an gynäkologische Grenzen, wenn ebendiese Jungfrau siebenmal geboren hat.

Die Bibelforschung aller Konfessionen ist sich heute einig, dass Jesus kein Einzelkind war.

MARIA UND JOSEF WAREN NICHT ARM

Viele katholische Pfarren pflegen zur Adventszeit den Brauch der Herbergssuche. Im 16. Jahrhundert führten ihn die Jesuiten zur Zeit der Gegenreformation ein. Ich glaube nicht, dass diese historische Parallelität ein Zufall ist. Zur Herbergssuche gehört ein, im alpenländischen Raum weit verbreitetes, Lied.

>>Wer klopfet an?<<

>>O zwei gar arme Leut.<<

>>Was wollt ihr dann?<<

>>O gebt uns Herberg heut. O, durch Gottes Lieb wir bitten, öffnet uns doch eure Hütten.<<

>>O nein, o nein!<<

>>O lasset uns doch ein!<<

>>Das kann nicht sein.<<

>>Wir wollen dankbar sein.<<

>>Nein, es kann einmal nicht sein, drum geht nur fort, ihr kommt nicht rein!<<

>>Wer vor der Tür<<

>>Ein Weib mit seinem Mann.<<

>>Was wollt denn ihr?<<

>>Hört unsre Bitte an: Lasset uns bei euch heut wohnen, Gott wird euch schon alles lohnen.<<

>>Was zahlt ihr mir!<<

>>Kein Geld besitzen wir.<<

>>Dann fort von hier!<<

>>O öffnet uns die Tür!<<

>>Ei, macht mir kein Ungestüm, da packt euch, geht wo anders hin!<<

>>Da geht nur, geht!<<

>>O, Freund, wohin, wo aus?<<

>>Zum Viehstall dort!<<

>>Geh, Josef nur hinaus! Sei es denn durch Gottes Willen, wollen wir die Armut fühlen.<<

»Jetzt packt euch fort!«

»O, das sind harte Wort!«

»Zum Viehstall dort!«

»O, welch ein harter Ort!«

»Ei, der Ort ist gut für euch, ihr braucht nicht viel, da geht
nur gleich!«

Dieser Text hat die Vorstellung von der Heiligen Familie nachhaltig geprägt. Maria und Josef seien »arme Leut'« gewesen, die sich keine Herberge leisten konnten. Von einem Wirt wurde ihnen ein Stall als Herberge angeboten, nachdem zwei andere Wirte sie hartherzig abgewiesen hatten. Was im Lied als blanker Zynismus rüberkommt, deuten manche Krippenspiele als Mitleid. Der dritte Wirt hat demzufolge ein weiches Herz. Die kindlichen Darsteller sollen doch ein wenig heile Welt und zugleich christliche Moral lernen. Bis heute funktionieren die meisten Krippenspiele nach diesem Muster. Das prägt sich ein.

Maria und Josef waren keine »armen Leut'«

Nichts von dem, was das Lied beschreibt, entspricht den biblischen Geschichten. Einzig das Lukasevangelium erzählt von der Geburt in Bethlehem. Alle anderen biblischen Bezüge gehen von Nazareth als Herkunfts- und Geburtsort Jesu aus. Dort war die Familie zu Hause. Dort übte Josef sein Handwerk als Zimmermann aus, das später auch Jesus, sein ältester Sohn, lernen sollte. Die Familie war keineswegs arm, sondern gehörte eher dem Mittelstand an. Manche denken sogar, dass Josef ein Art »Kleinunternehmer« war.

Was das Lied und die hartherzigen Wirte betrifft, so berichtet Lukas lapidar: *Sie hatten sonst keinen Platz in der Herberge.*

Alle Hotels waren also ausgebucht. Das kann passieren. Auch von einem »Stall« spricht Lukas nicht. Der einzige Hinweis, der für eine tierische Unterkunft spricht, ist die *Krippe*, in der das Neugeborene liegt. Auch das weist aber nicht zwingend auf eine Verbannung in den Stall hin. In den alten orientalischen Landhäusern lebten die

Menschen in einem Raum mit den Tieren. Auf einer etwas erhöhten Plattform spielte sich das Leben der Familie ab. Der untere Teil diente als nächtlicher Unterstand für das Kleinvieh. Viele Kinder wurden damals in so einer Umgebung geboren und zuerst in einen Futtertrog gelegt. In der Geburtsgeschichte nach Matthäus lesen wir von einem Haus, in das die Gäste aus dem Morgenland mit ihren Geschenken auf Besuch kamen. Die Eltern Jesu waren also Hausbesitzer. Sie waren keine Bettelleute.

Maria und Josef waren auch keine Flüchtlinge

Mir scheint, dass viele Menschen eine gewisse Sozialromantik brauchen, um das Weihnachtsfest genießen zu können. Darum stellen manche Ausleger und Krippenspiele die Familie Jesu als arme Flüchtlinge dar. Sie bemühen sich, politisch aktuell zu sein. Nur stimmt auch das nicht.

Vom Kindermord des Herodes und der Flucht nach Ägypten erzählt nicht Lukas, der die klassische Weihnachtsgeschichte geschrieben hat, sondern Matthäus. Der in neurotischer Angst vor möglichen Gegenspielern lebende König Herodes fürchtet um seine Macht, als er von der Geburt des »Königs« durch die Fremden aus dem Morgenland erfährt. Er befiehlt, alle Knaben bis zum Lebensalter von zwei Jahren zu töten. Kundige Leser des Matthäusevangeliums dachten sofort an eine ähnliche Szene im Alten Testament. Hier gibt der Pharao den Mordbefehl. Mose entkommt den königlichen Mördern.

Maria und Josef flüchten vor dem Anschlag des Herodes mit dem Kind nach Ägypten. Welches Alter Jesus hier hat, ob er ein Neugeborenes oder bereits ein Kleinkind ist, bleibt offen. Mit dieser Mordgeschichte erinnert Matthäus seine Leser an eine Prophezeiung des Alten Testamentes: *Aus Ägypten habe ich meinen Sohn gerufen.* Wichtig ist in diesem Zitat nicht die Flucht oder der Aufenthalt in Ägypten, sondern die Rückkehr von dort. So erzählt Matthäus am Ende seiner Geburtsgeschichte genau diesen

Sachverhalt. Nachdem Herodes gestorben war, kam die Familie zurück und lebte fortan in Nazareth. Nun wissen die damaligen Leser des Matthäusevangeliums von den Geschichten aus dem Alten Testament. Jesus steht in engem Zusammenhang mit den Verheißungen und Weissagungen der alten Propheten. Er ist ein König und ein Priester. Sein Tod hat enorme Bedeutung.

Jesus war nicht das Kind armer Obdachloser oder heimatloser Flüchtlinge

Ich würde es als wohltuende Veränderung empfinden, wenn sich das endlich herumspräche. Natürlich würde die ganze weihnachtliche Gefühlswelt zunächst zusammenbrechen. Danach käme die Botschaft dieses Zimmermanns in den Blick, die auch knallharte Seiten hat und über weihnachtliche Mildtätigkeit hinausreicht. Ein unsentimentaler Blick auf Weihnachten könnte dazu führen, dass Menschen nicht nur bei »Licht ins Dunkel« und ähnlichen Spendenorgien weihnachtliches Almosen geben, sondern sich viel mehr mit den Ursachen der Armut befassen. Nach Weihnachten kann die Gesellschaft dann beginnen, die Ursachen zu bekämpfen.

Natürlich ist das alles sehr unromantisch und verbreitet viel weniger Festtagsstimmung, als die übliche Prozedur. Aber vielleicht ist das auch eine große Chance. Immer mehr Menschen empfinden den Liebes- und Glücksdruck, der rund um Weihnachten ausgeübt wird, als große Belastung. Nicht umsonst haben Telefonseelsorge und Frauenhäuser zu Weihnachten Hochsaison. Eine nüchterne Sichtweise auf das Weihnachtsfest würde das Harmoniediktat entschärfen und zu nachhaltigen Problemlösungen beitragen.

Niemand weiß, wann Jesus Geburtstag hat

Vielleicht würde es unserem Weihnachtsfest auch gut tun, wenn wir uns alle Jahre wieder in Erinnerung rufen, das Jesus nicht am 25. Dezember des nicht existenten Jahres »Null« geboren wurde, und schon gar nicht am 24. Dezember. Sein Geburtsjahr liegt eher zwischen den Jahren sieben und vier vor unserer Zeitrechnung, also sieben bis vier Jahre »vor Christi Geburt«. Hier herrscht Einigkeit in der Forschung aller Konfessionen. Monat und Tag der Geburt kennen auch die Wissenschafter nicht. So ist Weihnachten auch nicht der »Geburtstag« Jesu, sondern lediglich sein Geburtsfest. Dieses feiert seit den Tagen der alten Kirche ein Teil der Christenheit am 25. Dezember, der andere am 6. Jänner.

Die Tatsache, dass dieser Mensch aus Nazareth zur Welt kam, ist der wahre Inhalt des Festes. Es geht um die Wirkung dieses Ereignisses und nicht um ein bestimmtes Datum.

JOSEF WAR KEIN ALTER MANN, MARIA KEINE JUNGFRAU

Vor einigen Jahren warf ein bekannter österreichischer Politiker dem Propheten Mohammed dessen Beziehung zur jüngeren Fatimah vor. Er bezichtigte ihn der Pädophilie. Zu Recht ging ein medialer Aufschrei durchs Land. Ich fragte mich damals, wieso derselbe Politiker nicht auch das Verhältnis von Josef und Maria kritisierte. Schließlich zeigen viele Weihnachtskrippen ein merkwürdiges Paar. Ein junges Mädchen, meist in einen himmelblauen Umhang gehüllt, kniet mit gefalteten Händen vor einem Futtertrog, in dem ein Säugling liegt. Dahinter steht ein alter, gebeugter Mann. Er stützt sich auf seinen Stock. Der weiße Bart fällt auf die Brust. Neben ihm stehen Ochs und Esel.

Dieses Bild von der »Heiligen Familie« ist in vielerlei Hinsicht ein Zerrbild. Aus Erfahrung weiß ich, dass keine Mutter nach der Geburt vor ihrem Kind kniet, zumindest nicht mit gefalteten Händen. Egal, ob das Kind im Gitterbett, im Kinderwagen, in einer Wiege oder auf einem Bärenfell liegt. Zudem ist dieses Bild des Greises, der mit einer Teenagermutter ganz offensichtlich eine Familie gegründet hat, heute in jedem Zusammenhang anstößig, ja empörend. Wäre das ein Foto eines heutigen Paares, müsste der alte Herr wohl mit einer strafrechtlichen Verfolgung wegen Verführung einer Minderjährigen rechnen. Aus Gewohnheit oder aus falsch verstandener Pietät scheinen solche Bilder von Josef und Maria niemandem mehr aufzufallen oder gar zu stören. Obwohl sie unseren aktuellen Familien- und Moralvorstellungen widersprechen.

Die Bibel zeigt das Bild einer ganz normalen Familie

Die Bibel sagt nichts über Josefs Alter. Sehr wohl aber nennt sie Maria eine »junge Frau«. Nichts weist darauf hin, dass Josef im

Alter von Marias Großvater war. Diese Vorstellung geht auf das sogenannte Proto-Jakobusevangelium zurück. Der Autor verwendete bausteinartig Motive der biblischen Evangelien aus der Geburts- und Kindheitsgeschichte und fügte sie in eine wundersame Legende rund um die Geburt von Maria, später um die Geburt von Jesus, ein. Maria brachte demzufolge ohne Hilfe ihr Kind Jesus auf die Welt.

Als das Kind bereits auf der Welt war, besuchte sie eine Hebamme. Sie pries Gott für das Wunder der jungfräulichen Geburt. Danach kam noch eine zweite Hebamme namens Salome. Sie bezweifelte, dass eine Frau nach der Geburt noch Jungfrau sein könne. Deshalb untersuchte Salome unter Anlegen ihres Fingers Marias gynäkologischen Zustand. Sie ertastete das unversehrte Jungfernhäutchen, das Hymen. Daraufhin stieß sie Klagerufe aus und rief: »Wehe über mein Unrecht und meinen Unglauben! Denn ich habe den lebendigen Gott versucht. Siehe da, meine Hand fällt verbrannt von mir ab!«

Erst als sie ihre professionelle Neugier als Sünde deklarierte und das Neugeborene auf den Arm nahm, heilte das wunderbare Kind ihre Hand.

Diese Geschichte von der verbrannten Hand der allzu neugierigen Hebamme entstand in der zweiten Hälfte des zweiten nachchristlichen Jahrhunderts. Sie sollte wohl als Warnung dienen, das »heiße« Thema der jungfräulichen Geburt nicht anzufassen. So wie die Hebamme Salome würde sich jeder die Finger daran verbrennen.

Die Jungfrauengeburt ist nicht gynäkologisch gemeint

Ich meine, dass niemand glauben muss, Maria sei vor, während und nach der Geburt Jesu eine gynäkologische Jungfrau gewesen. Diese medizinische Aussage verstellt für mich den Blick auf Jesus, den die Bibel als Geborenen unter Geborenen, als Sterblichen unter Sterblichen darstellt.

Die Evangelien sprechen in bunter Vielfalt von der »Jungfrau«, der ein Sohn angekündigt wird. Sie reden unbekümmert von Josef, dem Vater Jesu. Auch vom Sohn Gottes und vom Heiligen Geist ist die Rede, der bei der Entstehung Jesu eine bedeutende Rolle spielt. Das alles steht nach Auffassung der biblischen Autoren in keinem Widerspruch zueinander. Sie denken nicht in einem Entweder-Oder-Schema. Für sie ist das eher »all inclusive«. Jesus kann nach diesem Verständnis sowohl Josefs Sohn als auch Gottes Sohn sein. Seine Mutter hat sowohl von Josef als auch vom Heiligen Geist ihr Kind empfangen.

Religionsgeschichtlich ist die Jungfrauengeburt ein weitverbreitetes Motiv

In der Denk- und Glaubenswelt der Bibel und ihrer Umwelt bot die Rede von der Jungfrauengeburt eine Möglichkeit, die besondere Bedeutung und Würde eines Menschen in aller Kürze auszudrücken. Die Jungfrauengeburt etikettierte einen Menschen als von Anfang an außergewöhnlich. Die biblischen Schriften preisen als eigentliche Wunder Gottes, wenn ein Kind nach langer Unfruchtbarkeit der Frau zur Welt kommt oder der langersehnte Sohn sich erst in der Menopause der Mutter einstellt. So gesehen kommt die Geburt Jesu nicht an das Wunder heran, das hinter der Geburt seines »Cousins« Johannes steht, dessen alternde, kinderlose Mutter noch ganz unverhofft einen Sohn auf die Welt brachte. Die junge Frau Maria hingegen weckte als Gebärende bei den Evangelisten keine Wunderfantasien.

Bibelübersetzungen machen Maria zur Jungfrau

Als Jesus zur Welt kam, war Maria genau das, was das hebräische Wort »Alma« ausdrückt. »Ein mannbares Mädchen«, wie das Wörterbuch übersetzt. Ob die Dame von ihrer Mannbarkeit bereits Gebrauch gemacht hatte, oder nicht, ob sie also im gynäkologischen Sinn eine Jungfrau war, transportiert das Wort Alma nicht. So eine junge Frau, eine Alma, ist schwanger und wird einen Sohn gebären, verkündete Jesaja, der Prophet. Er wird Israel nach einer langen und schwierigen politischen Periode wieder gute Zeiten bringen.

Generationen warteten sehnsüchtig auf die Geburt dieses außergewöhnlichen Sohnes. Irgendwann verstanden die Juden die hebräische Sprache nicht mehr so gut und übersetzten ihre Bibel, das Alte Testament, ins Griechische. Die Übersetzer wählten für das hebräische Wort »Alma« das griechische Wort »Parthenos«. In dessen Bedeutung schwingt neben der mannbaren jungen Frau aber auch die unberührte Jungfrau im gynäkologischen Sinn mit. Dieses Wort Parthenos verwendete Lukas, als er seinen Lesern die junge Frau aus Nazareth mit Namen Maria vorstellte. Er wollte die Menschen mit der Wahl des Wortes an die Prophezeiung Jesajas erinnern, die seine Leserschaft allein aus dem griechischen Text kannte.

Auch die griechische Sprache hatte ein Ablaufdatum. Latein rückte als Volkssprache nach. Eine neue Übersetzung ins Lateinische machte aus der Alma, der mannbaren jungen Frau, die sich im Griechischen zu einer reinen, jungen Frau gemausert hatte, nun eine echte, gynäkologisch unberührte Frau, eine »virgo«. Diese lateinische Übersetzung schuf die Grundlage für die deutschen Übersetzungen. Auf diese Weise wandelte sich die geschlechtsreife junge Frau des hebräischen Alten Testamentes zu einer »Jungfrau«, an der sich sämtliche moraltheologischen Vorstellungen von Keuschheit, Reinheit und sexueller Enthaltsamkeit orientierten. Erst als sich die Bibelwissenschaft wieder den Texten in den Ursprachen zuwandte, kam das Malheur ans Licht. Der Schaden ließ sich aber nicht rückgängig machen. Vorstellungen, die einmal in der Welt sind, haften fester in den Herzen und Köpfen der Menschen, als der biblische Urtext. Maria gilt in der katholischen Lehre unwiderruflich als ewige Jungfrau.

Die Lehre von der unbefleckten Empfängnis verwirrt

Auch dass Maria am 8. Dezember durch »unbefleckte Empfängnis« gezeugt wurde, steht nicht in der Bibel. Diese Formulierung meint lediglich, dass bei der Zeugung der Maria ihre Eltern, also Joachim und Anna, die Erbsünde nicht an sie weitergegeben haben. Viele Menschen wissen nicht einmal, wessen Empfängnis die Katholiken am 8. Dezember feiern. Manche glauben, dass Maria und Josef an diesem Tag miteinander geschlafen haben und dabei das Jesuskind gezeugt wurde. Ein Blick auf den Kalender führt dieses Missverständnis ad absurdum. Vom 8. Dezember bis zum 25. Dezember, dem Geburtsfest Jesu, ist die Zeit einfach zu kurz.

Von der Familie Jesu erzählt die Bibel nur Krisengeschichten

Die Bibel erzählt nur wenige Begebenheiten aus der Familie Jesu. Meistens geht es um Schwierigkeiten und Probleme. Die sogenannte Heilige Familie glich wohl allen anderen Familien ihrer Zeit.

Dem aufmerksamen Leser fällt auf, dass Josef in den Evangelien seltener vorkommt als Maria. Nur drei Mal erwähnen die Evangelien Josef im Zusammenhang mit der Familie. Nämlich bei der Geburt Jesu, bei der Beschneidung und im Zusammenhang mit der Geschichte rund um den verloren gegangenen zwölfjährigen Jesus im Tempel, den Josef und Maria verzweifelt suchten. Danach verliert sich Josefs Spur, während Maria und die Geschwister Jesu weiter aufscheinen.

Für Josefs kurze Präsenz existieren zwei Erklärungsmodelle, die mich beide überzeugen.

Die eine These spricht von der Möglichkeit, dass Josef früh verstorben ist. Maria wäre dann nach dem zwölften Lebensjahr Jesu eine alleinerziehende Mutter von mindestens sieben Kindern gewesen. Ihr Ältester, Jesus, hätte automatisch die Position des

Familienoberhauptes eingenommen. Nach der Bar Mitzwa war er dafür alt genug. Das würde den Ärger der Familie erklären, als Jesus als Wanderprediger von daheim wegging. Das Markusevangelium erzählt von einer heftigen Reaktion seiner Angehörigen. Sie machen sich auf den Weg, um Jesus nach Hause zurückzuholen. Ihr Urteil zu seinem neuen Lebenswandel ist eindeutig: *Er ist von Sinnen*, sagen sie. Er hat sich verändert, sich von uns losgesagt. Er spinnt. Das alles schwingt im griechischen Urtext mit. Seine Entwicklung hat also seiner Familie wenig Freude bereitet.

Gegen die Vermutung vom frühen Tod Josefs spricht, dass sein Tod und sein Begräbnis nicht erwähnt werden. Gerade Erzählungen vom Sterben der Väter spielen in der alttestamentlichen und in der jüdischen Tradition eine entscheidende Rolle. Insofern wäre das Verschweigen von Josefs Tod eine definitiv ungewöhnliche Ausnahme.

Die zweite These stammt vom jüdischen Gelehrten Pinchas Lapide. Er erklärte die Verschwiegenheit rund um Josef mit einer vorausschauenden Vorsicht der Evangelisten. Demnach mussten sie Josef totschweigen, um die christliche Bewegung bei den Römern nicht von Anfang an verdächtig zu machen. Lapide schloss aus den Namen der Söhne, also der Brüder Jesu, dass die Familie der Widerstandsbewegung gegen die römische Besatzung nahegestanden ist. Er hält es für möglich, dass Josef sich diesen frommen jüdischen Freischärlern angeschlossen hat. Das Schweigen wäre in diesem Fall eine reine Vorsichtsmaßnahme gewesen. Die Evangelisten wollten demnach nicht die Aufmerksamkeit auf einen Untergrundkämpfer lenken.

Spannungen zwischen Jesus und seiner Mutter

Nach dem Verschwinden Josefs und dem Beginn der Predigttätigkeit Jesu, wirkt es so, als würde sich Jesus von seiner Mutter entfremden. Das legt eine Episode nahe, von der Matthäus, Markus und Lukas übereinstimmend berichten.

Jesus sprach zu einer großen Menschenmenge. Die Leute umringten ihn. Da kamen seine Mutter und seine Brüder und wollten ihn sprechen. Sie schickten jemanden, der zu Jesus sagte: *Deine Mutter und deine Brüder stehen draußen und wollen mit dir reden.*

Harsch fiel die Antwort Jesu aus.

Wer ist meine Mutter und wer sind meine Brüder?

Dann zeigte er auf die Anwesenden, seine Zuhörerschaft, und sagte: *Siehe da, das sind meine Mutter und das sind meine Brüder. Denn wer den Willen tut meines Vaters im Himmel, der ist mir Bruder und Schwester und Mutter.*

Dieser Vorfall erinnert mich sehr an das, was Menschen erleben, wenn sich ein Familienmitglied einer Sekte angeschlossen hat. Es kommt zum Bruch. Das verlorene Familienmitglied umgibt sich nur mehr mit gleichgesinnten Gläubigen aus der religiösen Gruppierung.

Eine bekannte Geschichte aus dem Johannesevangelium zeigt, dass auch der vertrauensvolle Glaube an Jesus seine Mutter nicht weiterbringt. Als auf der Hochzeit zu Kana der Wein ausging, wandte sich Maria an ihren Sohn: *Sie haben keinen Wein mehr.*

Ein Hinweis darauf, dass sie ihrem Ältesten durchaus zutraute, Abhilfe zu verschaffen. Wieder reagierte Jesus äußerst unwirsch: *Was geht's dich an, Frau, was ich tue? Meine Stunde ist noch nicht gekommen.* Nach seiner impulsiven Zurückweisung macht Jesus dann doch sein *erstes Zeichen*, wie Johannes es nennt, und verwandelt Wasser in Wein.

Einen beginnenden Marienkult wehrt bereits das Lukasevangelium ab.

Eine Frau sagte schwärmerisch zu Jesus: *Selig ist der Leib, der dich getragen hat, und die Brüste, an denen du gesogen hast.*

Die trockene Reaktion des Sohnes zeigt unmissverständlich, was Jesus von dieser Ansage hielt. *Ja, selig sind die, die das Wort Gottes hören und bewahren.*

Diese neutestamentliche Relativierung eines aufkeimenden Marienkultes hat aber nicht verhindern können, dass die junge

Kirche Maria übermäßig verehrt und ihre Bedeutung und Rolle überhöht.

Für mich ist ganz klar ersichtlich, dass das Verhältnis zwischen Jesus und seiner Familie in der Zeit seines Wirkens voller Spannungen war. Nach seinem Tod haben sich seine Mutter und die Brüder aber zur christlichen Gemeinde in Jerusalem bekannt, wo sie prominente Positionen einnahmen.

MARIA UND JOSEF LIESSEN DAS JESUSKIND BESCHNEIDEN

Als Kind las ich mit großer Begeisterung die Abenteuergeschichten von Karl May. Die Szene, in der Winnetou und sein Freund Charlie sich in den Arm schneiden und das Blut des anderen trinken, beeindruckte mich zutiefst. Lange Zeit wünschte ich mir auch, so eine enge Verbindung zu einem Menschen zu haben. Schon als Volksschulkind hatte ich das Gefühl, dass es einen gravierenden Unterschied zwischen einem bloßen Versprechen und dieser Art von körperlicher Verbindung gab. Der Schnitt hinterlässt eine Narbe, das Blut einen unvergesslichen Geschmack. Aus so einer Freundschaft kann keiner aussteigen. Wer es dennoch versucht, wird durch die körperlichen Spuren an das Treueversprechen erinnert.

Zur Weihnachtsgeschichte gehört die Beschneidung Jesu

Der Evangelist Lukas berichtet in seiner Weihnachtsgeschichte nicht nur von überfüllten Herbergen, Engeln und Hirten, der Krippe und den Gesängen der himmlischen Heerscharen. Die Geschichte geht weiter, auch wenn sie am Heiligen Abend so gut wie niemand fertig liest. Zur Weihnachtsgeschichte, wie Lukas, der Arzt, sie geschrieben hat, gehört auch der Bericht, dass das neugeborene Jesuskind am achten Tag nach seiner Geburt ordnungsgemäß beschnitten wurde. Circumcisio heißt dieser Vorgang auf Lateinisch. Ein Rundherumschnitt um die Vorhaut des kleinen Jesusbuben wurde von einem ausgebildeten Beschneider vorgenommen. Auch heute gibt es dazu spezielle Beauftragte. Mit der Entfernung der Vorhaut erhält das Kind auch seinen Namen. Im Fall des Mariensohnes war es der Name, den der Engel vorgegeben hatte. Jesus heißt in der hebräischen Bibel Jeschua. Später hat er ebendiese selber gelesen und ausgelegt.

In der Bibel findet sich bereits ganz am Anfang, in der Geschichte des Ur- und Stammvaters Abraham, folgende Anweisung: *Ihr sollt aber die Vorhaut an eurem Fleisch beschneiden. Das soll ein Zeichen sein des Bundes zwischen mir und euch. Ein jegliches Knäblein, wenn's acht Tage alt ist, sollt ihr beschneiden bei euren Nachkommen.*

Dieses Textbeispiel macht deutlich, dass es sich bei der Beschneidung nicht um eine hygienische Maßnahme handelt. Es ist ein Zeichen der Zugehörigkeit zu Gott Jahwe. Aus diesem Bund mit Gott kann keiner austreten. Unumkehrbar und unwiderruflich trägt der Körper des Beschnittenen das Zeichen der Verbundenheit.

Ich habe den starken Verdacht, dass die aktuelle Debatte um die Beschneidung jüdischer und muslimischer Buben nicht nur der Sorge um die körperliche Unversehrtheit der Kinder entspringt.

Diese, im wahrsten Sinne des Wortes, einschneidende Verbindlichkeit kann auch Angst machen. Gerade im christlichen Abendland scheint religiöse Verbindlichkeit unter dem Generalverdacht zu stehen, Menschen unfrei zu machen. Im jüdischen und muslimischen Glauben ist der Körper von Anfang an bewusst in die Ausübung der Religion miteinbezogen. Es geht nicht nur um Innerlichkeit, sondern auch um Leiblichkeit. Gott ist mit dem ganzen Menschen einen Bund eingegangen. Nicht nur mit seinem Geist, nicht nur mit seinem Willen. Nicht nur mit seiner sogenannten Seele. Darum gibt es im jüdischen Glauben keinen religionsfreien Raum. Diesem Beispiel folgt auch der Islam, der vom Judentum die Beschneidung übernommen hat. Die Küche ist ebenso ein Ort, an dem der Bund Gottes gilt, wie das Esszimmer der Familie. Der Wochenrhythmus erinnert an diesen Bund. Die Utensilien für das tägliche Gebet, der eheliche Beischlaf, die Einrichtungsgegenstände, nichts ist ausgenommen.

Vorhäute als Brautpreis

Die alttestamentlichen Geschichten der Kriege Israels mit den Nachbarvölkern unterscheiden immer wieder zwischen Beschnittenen und Unbeschnittenen. Will sich ein ehemaliger Feind mit Israel versöhnen, in die Volksgemeinschaft aufgenommen werden und hier auf Brautschau gehen, wird ihm die Beschneidung als Bedingung auferlegt. Für einen erwachsenen Mann ein schmerzhaftes Unterfangen.

Während die Indianer, zumindest bei Karl May, den Skalp ihrer getöteten Gegner als Siegestrophäe mitnahmen, schnitten die hebräischen Krieger den Toten zuweilen die Vorhaut ab.

In der nicht enden wollenden Auseinandersetzung zwischen dem König Saul und dem jungen David erhielt dieser kriegerische Brauch eine pikante Wendung.

David verliebte sich in die Tochter des Königs, der ihn verdächtigte, einen Umsturz zu planen. Weil Saul ihn verfolgt und wo er nur kann, zu töten versucht, wagt David es nicht, persönlich um die Hand der Königstochter anzuhalten. Durch einen Mittelsmann lässt er nach dem Brautpreis fragen. Über die Antwort des Königs erzählt das erste Buch Samuel: *Saul sprach: So sagt zu David: Der König begehrt keine Morgengabe, nur hundert Vorhäute von den Philistern, dass man sich räche an des Königs Feinden. Denn Saul trachtete David zu fällen durch der Philister Hand.*

Für den armen Hirtenjungen war das eine zwiespältige Angelegenheit. Kamelherden und Kostbarkeiten, die sogenannte »Morgengabe«, hätte er sich nicht leisten können. Hundert Philister zu töten war aber ein lebensgefährliches Unternehmen, ein Himmelfahrtskommando. Die Philister galten als starke und bestens bewaffnete Gegner.

Der Plan des Königs, sich auf diese Weise des vermeintlichen Verräters zu entledigen, ging nicht auf. Das Buch Samuel erzählt weiter: *Da machte sich David auf und zog mit seinen Männern und schlug unter den Philistern zweihundert Mann. Und David brachte ihre Vorhäute dem König in voller Zahl, dass er des Königs Schwiegersohn würde. Da gab ihm Saul seine Tochter Michal zum Weibe.*

Ob David die geforderten Trophäen einzeln auf einem Silbertablett servierte oder in einem Beutel dem König übergab, bleibt offen. Auch die Reaktion der Braut und späteren Ehefrau Davids, Michal, bleibt unerwähnt. Ihr Verehrer hatte sich auf jeden Fall in Lebensgefahr begeben, um sie heiraten zu können.

Die Beschneidung garantiert nicht Gottes Wohlwollen

Obwohl die Beschneidung ein unverzichtbares Zeichen ist, lässt sich aus ihr keine Garantie für Gottes Wohlwollen ableiten. Im Gegenteil, der Mensch muss damit rechnen, dass Gott immer wieder nachdrücklich das Einhalten des Bundes einfordert. Einem Beschnittenen ist aufgetragen, die Sorgen und Bedürfnisse der Armen wahrzunehmen und ihre Not zu lindern. Er soll mit seinen Geschäftspartnern redlich umgehen, seiner Frau treu sein und die vorgeschriebenen Abgaben und Gebühren entrichten, Witwen und Waisen unterstützen und ihnen zu ihrem Recht verhelfen und vieles mehr.

Als Johannes der Täufer zurzeit Jesu auftrat, hielten sich bei weitem nicht alle Beschnittenen an diese Vorgaben. Das veranlasste den streitbaren Propheten zu folgendem Ausspruch: *Denket nur nicht, dass ihr bei euch wollt sagen: Wir haben Abraham zum Vater. Ich sage euch: Gott vermag dem Abraham aus diesen Steinen Kinder zu erwecken.*

Im Klartext heißt das »Glaubt nur ja nicht, dass euch die Beschneidung etwas nützt, wenn ihr sonst lügt, betrügt und euch korrupt und unsozial verhaltet«.

Der Streit um die Beschneidung von Christen

In der jungen Christengemeinde entbrannte schon bald der Streit um die Frage, ob Neugetaufte aus der heidnischen Umwelt sich zusätzlich zur Taufe beschneiden lassen müssen. Paulus empfand das als zu hohe Schwelle. Er sah in der Beschneidung keine Bedeutung für den Glauben an Jesus, den Erlöser. Im Brief an die Gemeinde in Philippi nennt er diesen von seinen Gegenspielern verlangten rituellen Vorgang polemisch *Zerschneidung*. Die Autoritäten in der Jerusalemer Gemeinde konnten sich ein Christenleben ohne Beschneidung aber nicht vorstellen. Langfristig hat sich Paulus durchgesetzt. Die Abkehr von der Beschneidung war ein wichtiger Zwischenschritt, dass aus der kleinen Gruppe der Christen, dieser jüdischen Sekte des frühen 1. Jahrhunderts, eine eigenständige Religionsgemeinschaft wurde.

Die Christen verzichteten auf die Beschneidung und vollzogen nun als Zeichen der Zugehörigkeit die Taufe.

Die orthodoxen Kirchen tauchen Babys auch im Winter ins kalte Wasser

Bei evangelischen und katholischen Taufen gießt der Pfarrer oder die Pfarrerin dem Täufling Wasser über den Kopf. Ich persönlich verwende bei kleinen Kindern immer angewärmtes Wasser. Orthodoxe Priester halten den Kleinen die Nase zu und tunken sie vollständig ins Taufwasser ein. Im Winter kann das ganz schön kalt sein. Niemand käme aber auf die Idee, diesen Brauch der Immersionstaufe als gesundheitsgefährdend zu brandmarken. Keiner verlangt, dass dieses Ritual verboten werden sollte. Aus gutem Grund, weil noch kein Kind in der zweitausendjährigen Geschichte der orthodoxen Kirchen bei einer Taufe zu Schaden gekommen ist.

Wer getauft ist, gehört zur Gemeinde Jesu. So steht es in der Bibel. Also werden weiterhin Kinder mit kaltem oder warmem Wasser begossen oder darin eingetaucht. Ganz ähnlich verhält es sich mit der Beschneidung. Wer beschnitten ist, gehört zur jüdischen oder islamischen Religionsgemeinschaft. Niemand kann und soll etwas daran ändern, meine ich. Viel sinnvoller fände ich, dafür zu sorgen, dass jeder, der eine Beschneidung vornimmt, die hygienischen und medizinischen Regeln beachtet.

MARIA VON MAGDALA IST WICHTIGER ALS MARIA, DIE MUTTER JESU

Maria gehört seit langem zu den beliebtesten Frauen- und Männernamen. Bei den Männern steht Maria, wie z.b. bei Rainer Maria Rilke oder Klaus Maria Brandauer, immer an zweiter Stelle. Auch zur Zeit des Neuen Testaments war Maria ein beliebter Frauenname. Dort steht für Maria das griechische Marjam. Das wiederum ist die hellenisierte Form des hebräischen Namens Mirjam. Ableitung und Bedeutung des Namens sind unsicher. Maria könnte »die Bittere«, »die Widerspenstige«, »die Melkerin«, »das Wunschkind«, »die Prächtige« und, entsprechend dem damaligen Schönheitsideal, das vollschlanke Frauen bevorzugte, auch »die Wohlbeleibte« sein. All diese Deutungen und Übersetzungen von Marjam oder Mirjam sind möglich, aber nicht hinlänglich bewiesen.

Im Neuen Testament kommen mehrere Frauen mit dem Namen Maria vor. Manche von ihnen sind für das Christentum wesentlich bedeutender als Maria, die Mutter Jesu. Dennoch kennt sie kaum jemand.

Am Ende des Römerbriefes grüßt Paulus die Gemeinde in Rom und schreibt: *Grüßt Maria, die viel Mühe und Arbeit um euch gehabt hat.*

Die Mutter Jesu ist damit natürlich nicht gemeint. Die griechische Formulierung des Paulus lässt darauf schließen, dass die unbekannte Maria Missionsarbeit geleistet hat und dadurch eine führende Rolle innerhalb der römischen Gemeinde einnahm. Deshalb möchte er sie explizit grüßen.

Es gibt noch viele andere Marienbeispiele. Nach dem Johannesevangelium stehen vier Frauen unter dem Kreuz. Neben Maria, der Mutter Jesu, noch eine zweite Maria.

Es standen aber bei dem Kreuz Jesu ... Maria, die Frau des Klopas, ...

Nur einmal kommt diese Frau in den Evangelien vor. Sie ist Zeugin der Kreuzigung und steht damit an bedeutender Stelle.

Spätere Versuche, sie einzuordnen, sie mit anderen Gestalten der Geschichte Jesu zu verknüpfen, überzeugen nicht. Sie bleibt eine Unbekannte.

Markus erzählt, dass einige Frauen »aus der Ferne« Jesu Kreuzigung zusahen. Darunter sind ebenfalls zwei mit dem Namen Maria.

Und es waren auch Frauen da, die von ferne zuschauten, unter ihnen Maria von Magdala und Maria, die Mutter Jakobus' des Kleinen und des Joses, ...

Maria aus Bethanien hat eine besondere Beziehung zu Jesus

Deutlicher, als manche ihrer Namensgenossinnen, zeichnet das Neue Testament Maria aus Bethanien, die Schwester von Martha und Lazarus.

Lukas erzählt von einem Besuch Jesu, bei dem diese Maria sich zu seinen Füßen setzt, ihre Hausfrauenpflichten vernachlässigt und zuhört. Prompt kriegt sie deshalb Krach mit ihrer Schwester Martha. Diese beschwert sich bei Jesus: *Herr, fragst du nicht danach, dass mich meine Schwester lässt allein dienen? Sage ihr doch, dass sie mir helfen soll!*

Der aber nimmt die Pflichtvergessene in Schutz: *Martha, Martha, du hast viel Sorge und Mühe. Eins aber ist Not. Maria hat das gute Teil erwählt; das soll nicht von ihr genommen werden.*

Gern verwandeln wohlmeinende Auslegende *das gute Teil* in ein »besseres Teil«. Der griechische Text nennt es vorteilhaft oder trefflich, was Maria hier tut. Sie hat sich etwas Feines ausgesucht, das soll ihr niemand nehmen. Nicht mehr und nicht weniger.

Auch das Johannesevangelium kennt die drei Geschwister. Bruder Lazarus stirbt, weil Jesus absichtlich seine Ankunft verzögert, als er von dessen Erkrankung erfährt und um Hilfe gebeten wird. Mit großer Verspätung kommt er nach Bethanien. Lazarus ist bereits gestorben. Seine Schwestern Maria und Martha sitzen weinend zu Hause. Als Jesus in den Ort kommt, geht Martha ihm

entgegen. Maria bleibt zu Hause sitzen. Ihre Schwester muss sie regelrecht drängen, damit auch sie Jesus begrüßt. Anders als Martha
glaubt Maria nicht an die Auferstehung, sondern weint bitterlich
über den Tod ihres Bruders. Sie glaubt nicht, dass Jesus jetzt noch
helfen kann. Maria ist es auch, die nach dem Johannesevangelium
Jesus die Füße salbt und dadurch einen handfesten Skandal auslöst.

Diese Geschichte ist ein gutes Beispiel dafür, wie wichtig es
ist, immer wieder volkstümliche Interpretationen mit dem biblischen Text abzugleichen. Aus dieser Maria, die Jesus die Füße salb-
te, wurde im Laufe der Jahrhunderte eine Hure und aus der Hure
wurde im Lauf der Zeit eine andere Maria, Maria aus Magdala,
besser bekannt als Maria Magdalena.

Die bedeutendste Maria ist die Frau aus Magdala

Nach dem Neuen Testament hat Maria Magdalena in der jungen
Christenheit ein viel größeres Gewicht als die Mutter Jesu. Lukas
nennt sie in der Liste der Jüngerinnen. Alle vier Evangelien bezeichnen sie übereinstimmend als Zeugin der Auferstehung. Diese
Ehre wird keinem Jünger zu Teil. Sie ist es auch, die den Auftrag
von Jesus bekommt, den Aposteln die Auferstehung zu verkünden.

Die Evangelien schreiben zurückhaltend über die Mutter Jesu

Das Neue Testament entwickelt keine eigene Lehre zu Maria, der
Mutter Jesu. *Sei gegrüßt, du Begnadete! Der Herr ist mit dir!* Der Gruß
des Engels bildet in der katholischen Tradition den Beginn eines
Gebets an Maria, dem vielfach vertonten »Ave Maria«. Betende ru-
fen sie hier als Fürsprecherin für »uns Sünder, jetzt und in der
Stunde unseres Todes« an. Dieser Gedanke ist den Schriften des
Neuen Testaments aber völlig fremd.

Mir fällt auf, dass sich die Geschichten über die Mutter Jesu nie
in ihrer Heimat Nazareth zutragen. Sie besuchte ihre Verwandten,

Zacharias und Elisabeth, in einer Stadt in Judäa. Ihr erstes Kind gebar sie in Bethlehem. Im Jerusalemer Tempel wird sie vom greisen Simeon gesegnet. Sie feiert in Kana ein Hochzeitsfest. Sie steht auf Golgatha unter dem Kreuz. Schließlich ist sie mit den Jüngern und Jüngerinnen zu Pfingsten in Jerusalem versammelt, als der Heilige Geist über die Gemeinde kommt. Maria, die Mutter Jesu, scheint eine mobile Frau mit einem erstaunlichen Aktionsradius gewesen zu sein. Die Bibel geht mit weiteren Auskünften sparsam um. Das Bild vom Hausmütterchen wird ihr jedenfalls nicht gerecht. Sie nimmt in den biblischen Schriften keine Sonderstellung ein, ist nicht näher bei Gott und nicht heiliger als jeder andere Mensch, und weit weniger bedeutungsvoll als ihre Namensschwester Maria Magdalena, die zu Recht in der christlichen Tradition den Namen Apostolin der Apostel zugesprochen bekommen hat.

JESUS WAR EMPFÄNGLICH FÜR EROTIK

Das Lukasevangelium erzählt von einem Abendessen unter Männern. Gastgeber war ein bekannter Mann aus der religiösen Elite mit Namen Simon. Er hatte einige Freunde eingeladen. Die Herren lagen nach damaliger Sitte zu Tisch. Mit dabei war ein besonderer Gast, Jesus aus Nazareth, dem der Ruf eines Propheten vorauseilte. In kleiner privater Runde wollten ihm die bedeutenden Männer ein wenig auf den Zahn fühlen. Im Verlauf des Abends geschah dann etwas Unerhörtes. Eine stadtbekannte Sünderin, damit umschreibt der Evangelist Lukas die Tatsache, dass die Frau als Prostituierte arbeitete, betrat ungebeten das Herrenzimmer. Sie packte einen Tiegel aus, beugte sich zu Jesu Füßen und massierte sie mit teurer Salbe. Dabei weinte sie still. Ihre Tränen tropften auf Jesu nackte Füße. Mit ihren langen Haaren trocknete die Frau die Füße ab. Eine erotische Szene, nichts anderes ist diese biblische Begegnung.

Beim Nachspielen dieser Szene knistert es

Ich habe diese Szene mit der Ehepaarrunde einer katholischen Basisgemeinde nachgespielt. Die Männer saßen auf Sesseln. Voll bekleidet, aber ohne Schuhe und Socken. Vor ihnen hockten ihre Ehefrauen. Sie kneteten die Füße des eigenen Ehemannes. Diejenigen, die lange Haare hatten, wischten auch mit den Haaren über die Füße.

Die Wirkung auf die Männer war umwerfend. Sie erröteten. Sie wurden unruhig, konnten nicht mehr still sitzen. Im nachfolgenden Gespräch berichteten sie von Erektionen und erotischen Empfindungen. Die Herren und Damen dieser Runde hatten bereits erwachsene Kinder und waren seit Jahrzehnten miteinander verheiratet. Die Männer standen in den Fünfzigern. Dennoch kam es zu dieser spontanen und vor allem lustvollen Reaktion.

Jesus zeigt Freude über die Berührung

Jesus war zwanzig Jahre jünger als die Herren dieser Bibelrunde. Wie sehr ihm die Zuwendung der Frau behagte, zeigt die nachfolgende Auseinandersetzung mit dem Gastgeber. Simon dachte sich seinen Teil. »So großartig ist sein Prophetendasein auch wieder nicht. Sonst würde er sich von so einer minderwertigen Person nicht berühren lassen.« Simons Mienenspiel verriet wohl, wie abschätzig er über Jesus und die Frau dachte. Daraufhin hielt ihm Jesus vor der edlen Tischrunde seine kleinen Versäumnisse als Gastgeber vor. Simon hatte Jesus den Willkommenskuss verweigert und er hatte ihm kein kühlendes Öl für das erhitzte Haupt und die strapazierten Füße angeboten. Bei den anderen Gästen waren solche Respektsbekundungen selbstverständlich gewesen. Die Versäumnisse des Gastgebers hatte diese Frau wiedergutgemacht. Dabei handelte sie nicht aus der Pflicht eines Gastgebers heraus, sondern aus Liebe, sagt Jesus. Zum Schluss wandte sich Jesus an die Frau: *Dir sind deine Sünden vergeben ... Dein Glaube hat dir geholfen.*

Hier kehrt der biblische Erzähler wieder zur Theologie zurück, die dadurch eine neue Dimension erhält. Liebe wiegt Schuld auf, sagt Jesus und kümmert sich nicht weiter um die tatsächlichen oder angeblichen Sündentaten dieser Namenlosen. Dazu musste sie nicht einmal beichten.

Es gibt auch entschärfte Fassungen dieser Geschichte in der Bibel

Diese kurze Episode aus dem Lukasevangelium war den Evangelisten Markus und Matthäus wohl zu anrüchig. Die beiden haben sie entschärft und verharmlost. Sie umgehen die erotische Dimension, indem sie Jesus bei der Verteidigung der Frau gegenüber dem Gastgeber sagen lassen: *Sie hat mich zu meinem Begräbnis gesalbt.* Der Akt der Liebe und Zuneigung entsprach nun der vorweggenommenen Einbalsamierung einer Leiche. Die knisternde

Erotik und die Freude verpufften augenblicklich. Die Stimmung wandelte sich. Sie wird leidensschwer. Dunkel. Morbid. In der Überlieferung der Bibel stehen beide Varianten unkommentiert nebeneinander. Soll sich doch jeder selber seinen Reim darauf machen, dachten sich wohl diejenigen, die die Bibel zusammengestellt haben.

Die Identität der Frau ist bis heute ungeklärt

Namenlos ist die Frau in den ersten drei Evangelien. Aber schon in biblischen Zeiten fragten die Menschen neugierig, wer das wohl gewesen sein mag. Seit damals versuchen Generationen von Theologen das Geheimnis rund um die Frau zu lüften. Die Leute fragten sich: »Von wem hat Jesus sich in dieser frivolen Weise öffentlich berühren lassen?«

Das Johannesevangelium entstand einige Jahrzehnte später, als die drei ersten Evangelien. Es kommt bereits der Neugier der Lesenden entgegen und outet die Hingebungsvolle. Es handelt sich um die schwesterliche Freundin Maria. Auch bei diesem Outing verpufft die Erotik. Denn Maria, ihre Schwester Martha und der Bruder Lazarus waren schon lange mit Jesus und seinen Begleitern befreundet. Aus Erotik wurde plötzlich Vertrautheit.

Maria Magdalena ist nicht identisch mit der »Sünderin«

Die nachbiblische Tradition identifizierte Maria von Magdala als diese unbekannte Frau, die Jesus mit einer Fußmassage beglückte. Dadurch wurde sie zur Hure abgestempelt, obwohl die Bibel erzählt, dass Jesus sie von einer Geisteskrankheit geheilt habe. Immer wieder bekamen Jesus und Maria Magdalena im Laufe der Geschichte ein Liebesverhältnis angedichtet. Manch einer sah sie sogar als legitimiertes Ehepaar, auch wenn die Bibel davon nichts sagt.

Die moderne Bibelauslegung rehabilitiert Maria Magdalena

Erst die neuere Bibelauslegung aller Konfessionen rehabilitiert Maria Magdalena und stellt sich gegen die unhaltbare Erzähltradition, dass sie eine Prostituierte gewesen sei. Trotzdem hält sich das Gerücht hartnäckig. Der wichtigsten Jüngerin ergeht es so wie vielen anderen Menschen, die einmal zu Unrecht beschuldigt wurden. Irgendetwas bleibt immer hängen. Auch Menschen, die sich für gebildete und informierte Christen halten, meinen immer noch, dass Maria Magdalena eine Hure gewesen sei. Wahrscheinlich müssen nochmal zweitausend Jahre vergehen, bis dieses Missverständnis aus der Welt geschafft ist.

Über eine Ehefrau Jesu erzählt die Bibel nichts

Jesus war also durchaus empfänglich für Erotik. Das beweist seine Begegnung mit der Unbekannten. Das Neue Testament gibt aber keine Antwort auf die Frage, ob er verheiratet war.

Für einen jungen Mann jüdischen Glaubens war es damals selbstverständlich, dass ihn seine Eltern oft schon im Kindesalter mit der Tochter einer befreundeten Familie verlobten. Im Teenageralter feierten die Familien dann die arrangierte Hochzeit. Jesus trat erst rund um sein dreißigstes Lebensjahr mit seiner Botschaft an die Öffentlichkeit. Davor lebte er unauffällig in Nazareth und übte den Beruf eines Zimmermanns aus. Über das, was vollkommen normal ist, reden die Leute meistens nicht. Weder damals noch heute. Über einen Mann, der daheim lebt, seinem Beruf nachgeht, und unauffällig mit seiner Familie den Alltag meistert, gab und gibt es wenig Interessantes zu berichten. Auch die Evangelien wollten ihre Leser nicht langweilen. Deshalb spielen die Jahre als Durchschnittsbürger in der Geschichte Jesu keine Rolle.

Ein Mann, der seine Familie verlässt, um im Land als Prediger umherzuziehen und das Reich Gottes zu verkünden, war da schon wesentlich interessanter. Das gab jede Menge Stoff für packende

Geschichten. Die Erlebnisse und Gleichnisse des Zimmermanns waren provokant und pointiert. Seine Streitgespräche mit den gesellschaftlichen und religiösen Eliten machten nachdenklich und brachten Leben in die religiöse Landschaft. Grund genug, sie zunächst mündlich zu überliefern und eines Tages aufzuschreiben, um sie für die nächsten Generationen zu bewahren. Über so etwas Langweiliges wie eine ganz gewöhnliche Ehe zu berichten, kam für die Chronisten nicht infrage. Deshalb ist es sehr wahrscheinlich, dass Jesus verheiratet war. In der Bibel steht aber nichts davon.

Der »erste Papst« war verheiratet

Von den Aposteln wissen wir, dass sie Familien hatten. Im Haus des Petrus lebte seine Schwiegermutter. Das Markusevangelium erzählt von ihr, weil Jesus sie von einem Fieber heilte. Diese Geschichte deutet unmissverständlich auf eine Ehefrau des Petrus hin. Der erste Papst nach römisch-katholischer Tradition war also verheiratet und in Sachen Sexualität sicher nicht unerfahren.

Sexualität ist eine gute Gabe Gottes und Erotik macht Freude

Das alles ist nicht weiter verwunderlich. Das Alte Testament, in dessen Tradition Jesus und seine Jünger lebten, versteht Sexualität als Gabe Gottes. Als ein Geschenk. Mitten in der Bibel steht das Hohelied der Liebe. Mit orientalischer Blumigkeit besingt es die Freuden der Erotik und schildert sexuelle Anziehung zwischen Mann und Frau. Dieser Text gehört zu der Bibel, die Jesus seit seiner Kindheit gelesen und gelernt hat.

Konservative Kräfte, die Enthaltsamkeit und Ehelosigkeit als Säule in Jesu Leben hochhalten, haben sich einen Notausgang zurechtgelegt. Selbst wenn Jesus und seine Jünger vor ihrer großen Berufung Familien hatten, so haben sie im Angesicht ihrer Aufgaben alles hinter sich gelassen, argumentieren sie.

Auch das mag stimmen. Für mich liegt in diesem Verhalten aber kein besonderer Wert. Auch heute bringen Brüche, auch aus religiösen Gründen, innerhalb einer Familie großes Leid über alle Beteiligten. Das war damals nicht anders.

Außerdem brachen Jesus und seine Jünger den Kontakt zu ihren Familien nicht ab. Nach der Katastrophe auf Golgatha kehrten die Jünger nach Hause zurück, zu ihren Familien, in ihr gewohntes Umfeld, und gingen ihrer alten Arbeit nach. Bis sie aufs Neue aufbrachen. Diesmal um die Auferstehung Jesu zu verkünden.

WUNDER KÖNNEN DEN GLAUBEN GEFÄHRDEN

Ein Kind wird geboren. Es ist ein Junge. Er ist gesund. Soweit die Fakten. Aber die sind manchmal nebensächlich. Es soll Eltern geben, für die ist so ein kleines Wesen nur eine rotes, runzeliges, brüllendes Etwas, das die Nachtruhe stört. Dann gibt es Eltern, die in ihrem neugeborenen Sohn den heiß ersehnten Stammhalter sehen. Wieder andere betrachten den Nachwuchs als Betriebsunfall, der alles durcheinanderbringt und die ganze Lebensplanung auf den Kopf stellt.

Für manche Menschen ist das Kind einfach ein großes Wunder. Ein herrliches Geschöpf, mit allem ausgestattet, was ein Mensch zum Leben braucht. Arme. Beine. Zehn Finger und zehn Zehen. Augen, Ohren. Eine winzige Nase und eine starke Stimme, mit der es sich durch lautes Schreien bemerkbar macht.

Das Wunder liegt im Auge des Betrachters

Was ich mit dem Beispiel des Neugeborenen sagen will, ist, ob ein Mensch ein Wunder erlebt oder nicht, hängt ganz von seiner persönlichen Sichtweise und Einstellung ab. Das gilt auch für Wunder, die von der priesterlichen Aufsicht bestätigt wurden, wie im Fall der zehn Aussätzigen, die Jesus heilte. In neutestamentlichen Zeiten galt Aussatz als unheilbar. Die Infizierten verfaulten bei lebendigem Leib. Ein Körperteil nach dem anderen fiel ab. Auch Ohren und Nase blieben nicht verschont. Weißer Schorf überzog die Haut. Keine andere Krankheit entstellt die Betroffenen so dramatisch wie die Lepra. Aussätzige mussten ihr Haus und das Dorf verlassen und jenseits der Dorfgemeinschaft in armseligen Hütten wohnen. Sie ernährten sich von dem, was ihnen mitleidige Menschen in sicherer Entfernung hinstellten. Nahende mussten sie durch Zuruf oder Glöckchen vor der möglichen Ansteckung warnen. Leprakranke waren also abgeschrieben, isoliert und gebrandmarkt.

Mit der wunderbaren Heilung ermöglichte Jesus den zehn Männern, wieder in ihre Familien und in die Gesellschaft zurückzukehren. Trotzdem erlebte nur einer von ihnen seine Genesung als Wunder. Die andern neun machten sich diesbezüglich keine Gedanken und gingen einfach zur Tagesordnung über. Rein subjektiv erlebten sie kein Wunder, obwohl eine Spontanheilung als äußerst unwahrscheinlich galt. Für ihren Glauben und für ihre Lebenseinstellung hatte das keine Bedeutung.

Die Bibel selbst steht Wundern kritisch gegenüber

Jesus höchstpersönlich äußerte sich kritisch, wenn die Leute ihren Glauben von Wundern abhängig machten. Immer wieder knüpften Menschen ihren Glauben an Bedingungen, nach dem Motto: »Wenn ich ein Wunder sehe, dann werde ich glauben. Bis dahin bleibe ich skeptisch.« Jesus kritisierte diese Erwartung.

Wenn ihr nicht Zeichen und Wunder seht, so glaubt ihr nicht, fährt er einen verzweifelten Vater an, der zu ihm kommt und ihn bittet, seinen Sohn zu heilen. Jesus musste immer wieder erleben, dass eine positive Haltung zum Glauben und wundersame Erlebnisse zwei komplett unterschiedliche Dinge sind. Matthäus erzählt hier eine bezeichnende Geschichte: *Da aber die Hohepriester und Schriftgelehrten sahen die Wunder, die Jesus tat, und die Kinder, die im Tempel schrien und sagten: Hosianna dem Sohn Davids! wurden sie entrüstet.*

Erbost forderten die Autoritäten Jesus auf, seine Aktivitäten unverzüglich einzustellen. Sie wurden zwar Augenzeugen von Wunderheilungen. Das aber löste bei ihnen Ärger, keinen Glauben aus.

Wenn das Neue Testament von Wundern Jesu erzählt, beschäftigt die Zeugen häufig eine Frage: »Wer steht hinter diesem Wunder? Gott oder der Teufel?« Für Jesu Gegner stand das Urteil fest. Sie glaubten, dass er die bösen Geister mit Hilfe des Teufels austrieb. Hier ist das Wunder also kontraproduktiv. Statt Glauben stiftete es Ablehnung, Verdacht und Widerstand.

Jesus selbst bemerkte, dass auch Scharlatane und falsche Propheten mit Wundern beeindrucken können: *Es werden sich erheben falsche Christusse und falsche Propheten, die Zeichen und Wunder tun ...*

Er selbst meinte also, dass ein Wunder noch nichts beweisen könne. Weder, dass hinter dem Wunder Gottes Wille stehe, noch dass es bei den Zuschauern Glauben bewirke.

Wunder wollen diskret behandelt werden

Wenn Jesus kranke Menschen heilte, nahm er den Patienten gern beiseite. Ein wenig abseits von der gaffenden Menge heilte er dann. Er machte das Wunder zu einer intimen Begegnung. Die Heilung von körperlichen Leiden verstand Jesus als ein sehr persönliches Zeichen. Der betroffene Mensch sollte spüren, dass Gott sich seiner annimmt. Jesus strebte niemals danach, dass ein Geheilter sein wundersames Erlebnis hinausposaunte. Er wollte nicht die Wundersucht und die Sensationsgier der Leute bedienen.

Nicht immer hielten sich die wundersam Genesenen an Jesu Weisung, über diese Erfahrung zu schweigen. Einer lief sofort herum und erzählte die Geschichte jedem, der sie hören wollte. Bestimmt steckte keine böse Absicht dahinter. Die Indiskretion hatte für Jesus dennoch unangenehme Folgen. Die Leute bestürmten ihn, um ihr ganz persönliches Wunder zu erleben. Sie wollten den ominösen Zauberer und Wunderheiler ansehen, begaffen, anfassen. Fluchtartig verließ Jesus die Gegend, erzählen die Evangelien. Es ist verständlich, dass er nach solchen Erfahrungen wenig von der glaubensstärkenden Kraft von Wundern hielt. Ihm ging es in seiner Botschaft darum, dass die Menschen lernen, Gott zu vertrauen. Auch ohne Wunder.

Wunder weisen auf Gottes Nähe hin

Das griechische Neue Testament spricht nicht von Wundern sondern von »Zeichen«. Es sieht Ereignisse jenseits der menschlichen

Fassbarkeit eben nicht als willkürliche Unterbrechungen der Naturgesetze durch einen zaubernden Superman. Die Zeichen, die Jesus setzte, haben vielmehr eine eigene, innere Logik. Wer sie verstehen will, muss offen dafür sein. Wie kundige Wetterbeobachter anhand der Wolkenformation herannahende Unwetter vorhersagen können, so können bestimmte Menschen die Zeichen der Zeit und des Lebens lesen, sagte Jesus. Alles, was er tut, weist darauf hin, dass Gott ganz nahe ist. Nur deshalb heilte Jesus. Damit bezog er sich auf Verheißungen alttestamentlicher Propheten. Diese sprachen davon, dass in Gottes Nähe Krankheit, Hunger, früher Kindstot und jede Form menschlichen Leids ein Ende finden würden.

Wundersucht kann auch heute gefährlich werden

Wunder sind nicht nachrichtentauglich, denn sie sind nicht objektiv festzustellen. Sie lassen sich weder abmessen, noch abwägen, und schon gar nicht beweisen. Sie stellen ganz intime Zeichen der Gegenwart Gottes im Leben eines Menschen dar.

Dennoch versuchen religiöse Scharlatane immer wieder, daraus eine Show zu machen und sich selbst mit ihren angeblichen Fähigkeiten in der Öffentlichkeit darzustellen. Sowohl in der Esoterikszene als auch bei einzelnen christlichen Gruppen spielen Wunderheilungen noch immer eine Rolle. Massenweise kommen Kranke und Geplagte zusammen, in der Hoffnung, von einem Tag auf den anderen ohne Krücken und Rollstuhl auszukommen oder von ihrem Krebsleiden erlöst zu werden. Wenn es nicht funktioniert, heißt es dann gnadenlos: »Dein Glaube war nicht stark genug. Du bist selber schuld, dass nichts daraus geworden ist.« Das Weiterbestehen der Krankheit erscheint nun wie eine gerechte Strafe für den Unglauben des Kranken.

Nirgendwo im Neuen Testament steht, dass Menschen deshalb krank geblieben sind, weil sie zu wenig geglaubt haben. Schon gar nicht steht dort, dass Gott auf diese Weise Unglauben bestraft.

Jesus gab manchen Geheilten den Satz mit *Dein Glaube hat dir geholfen.* Anderen sagte er das nicht. Eines machen die Wunderheilungen Jesu jedenfalls klar. Krankheit ist keine Strafe Gottes und eine Heilung keine Belohnung. Das Wunder lässt sich eben nicht mit einer einzigen, objektiven Erklärung beschreiben. Wer es trotzdem versucht, hat nicht verstanden, dass der biblische Gott den Menschen in guten und in schlechten Zeiten zugewandt ist.

DIE TOTEN KOMMEN NICHT IN DEN HIMMEL

Mit seiner Satire »Ein Münchner im Himmel« hat der bayrische Schriftsteller Ludwig Thoma die gängige Vorstellung vom Himmel auf brillante Art und Weise karikiert. Die Hauptfigur Alois Hingerl ist in diesem Schwank Dienstmann Nr. 172 auf dem Münchner Hauptbahnhof. Eines Tages erledigt er einen Auftrag mit solcher Hast, dass er vom Schlag getroffen zu Boden fällt und stirbt. Zwei Engel ziehen ihn mit viel Mühe in den Himmel, wo ihn der Heilige Petrus in Empfang nimmt und mit der himmlischen Hausordnung bekannt macht. Von acht Uhr früh bis zwölf Uhr mittags steht »frohlocken« auf dem Programm. Zu diesem Zweck bekommt Alois Hingerl eine Harfe ausgehändigt. Von zwölf Uhr mittags bis acht Uhr abends wird »Hosianna« gesungen. »Ja, wann kriagt ma nacha was z' trink'n?«, fragt Alois irritiert.

»Sie werden Ihr Manna schon bekommen«, sagt Petrus.

»Auweh!« denkt der neue Engel Aloisius, »dös werd schö fad!«

Karl Valentin hat dieses Stück unvergesslich interpretiert. Sein hingegranteltes »Luja, sog i«, erheitert mich jedes Mal aufs Neue, obwohl ich es schon unzählige Male gehört habe.

Fromme Gemüter mögen den Spott über den Himmel, wo die Verstorbenen als Engel herumfliegen, blasphemisch finden. Für Generationen von Kindern ist dieses idyllische Himmelsbild Trost und moralischer Auftrag in einem. Denn natürlich kommen nur die Braven in den Himmel, heißt es in vielen Kinderstuben.

Der Himmel ist für die Lebenden da

Die Bibel kennt nicht die Vorstellung vom Himmel als postmortalen Aufenthaltsort. Die Bibel sagt, der Himmel, oder besser gesagt das Himmelreich, ist mitten unter uns.

Vom Himmelreich, noch genauer übersetzt von der »Herrschaft der Himmel« im Plural, spricht vor allem das Evangelium nach Matthäus. »Himmel« verwendet es als Umschreibung für Gott. Für

Matthäus galt die bis heute gelebte Regel des jüdischen Glaubens, dass kein Mensch den Namen Gottes aussprechen soll. Die Ehrfurcht vor Gott würde das verbieten. Insofern hat der »Himmel« in all seinen Facetten eine synonyme Bedeutung für Gott. Über das gegenwärtige Reich der Himmel auf Erden erzählt die Bibel allerlei. So klein wie ein Senfkorn sei es. Aber wenn es wachse, würde es so groß werden, dass es die ganze Welt umspannt. Das Reich Gottes ist laut Bibel da, wo zwei oder drei, wohlgemerkt Lebende, im Namen Jesu zusammenkommen. Das Reich der Himmel ist demzufolge auch kein geographischer Ort. Es ist ein Ereignis, ein Geschehen zwischen Menschen. Erst kehrt Gottes Friede, der *höher ist als alle Vernunft,* unter den Menschen ein. Dieser befähigt die Menschen Gottes Wille zu tun, zum Beispiel den Nächsten zu lieben wie sich selbst. Gottes Reich ist dann mitten unter ihnen, den Lebendigen. So sagt es Jesus, so erzählt es das Neue Testament.

Mit den Toten hat das alles nichts zu tun. Das Reich Gottes, oder eben der Himmel, ist den Lebenden gewidmet. Die Toten brauchen den Himmel im biblischen Sinn auch nicht. Sie kämpfen nicht gegen Krankheiten. Sie machen sich keine Sorgen um das tägliche Brot und das Wohlergehen ihrer Kinder. Sie leiden nicht unter herrschenden Unrechtssystemen. Sie frieren nicht, weder körperlich noch seelisch. Sie dürsten nicht, weder nach Wasser noch nach Gerechtigkeit. Insofern wäre der verheißungsvolle Himmel eine Verschwendung, wenn er nur den Verstorbenen vorbehalten wäre. Das sahen auch die biblischen Autoren so, weshalb sie Gottes Wirken in der Sphäre der Menschen verkündeten.

Alois Hingerl muss sich im Himmel ums Trinken keine Sorgen machen

Der verblichene Dienstmann Alois kommt nach der Vorstellung Jesu nicht in den Himmel. Herr Hingerl könnte stattdessen zwischen einem Haus mit vielen Wohnungen oder einem großen Fest wählen. Im Haus mit den vielen Wohnungen ist Gott der Hausherr.

Jesus geht seinen Jüngern voraus, um dort alles vorzubereiten, sagt er im Johannesevangelium. Er ist also nicht nur der gute Hirte, sondern in diesem Fall auch Hausmeister und Zimmermädchen in Personalunion. Wer in dieses Haus einzieht, findet ein warmes Stübchen und ein gemachtes Bett. Die Bewohnerinnen und Bewohner leben hier in einer Lebensgemeinschaft mit Gott und mit Jesus. Sie sind gut versorgt. Bemerkenswert finde ich, dass dieses Haus allen offen steht. Jedenfalls nennt Jesus keine Zugangsbeschränkungen. Am Eingang gibt es keine Kontrollen. Jeder kann Gepäck aus seinem Leben mitbringen. Auch Leute, die einen Berg Schmutzwäsche dabei haben, dürfen einziehen.

Die Geschichten, die Jesus vom großen Fest erzählt, machen noch deutlicher, wer Zutritt erhält. Es gibt ganz einfache und klare Zugangskriterien. Hungrig und durstig muss jemand sein. Alois Hingerl wäre mit seinem großen Durst also höchst willkommen.

Haus und Fest sind keine abgehobenen Idealbilder

In diesen beiden Bildern Jesu ist kein Platz für Angst. Dennoch steckt in ihnen eine große Zumutung. Es kann nämlich passieren, dass genau der, den ich mein Leben lang vielleicht sogar zu Recht in die Hölle gewünscht habe, an der festlichen Tafel den Platz neben mir zugewiesen bekommt. Im Haus Gottes wohne ich womöglich Wand an Wand mit diesem Ekel. Es gibt also weder im Haus noch an der Tafel diese vorbehaltlose Perfektion, wie sie das Bild vom Himmel suggeriert.

Kinder des 21. Jahrhunderts sollten mit Geschichten vom Himmel, in dem die Toten als Engel herumfliegen, verschont werden. Es handelt sich um eine moralisierende Vision, die nichts mit den Inhalten der Bibel zu tun hat. Kinder dürfen ruhig wissen, dass die Toten gestorben sind. Das hilft ihnen, das Unfassbare zu verarbeiten und die Realität zu akzeptieren. Wer möchte, kann danach die Hoffnungsbilder der Bibel, Haus und Fest, erzählen. Das macht Mut, ohne falsche Erwartungen zu wecken.

SCHON IN DER BIBEL WIRD DIE BIBEL FALSCH ZITIERT

Der Dominikaner-Mönch Johann Tetzel fand im 16. Jahrhundert für den Kauf von Ablassbriefen einen zündenden Werbespruch. Der erworbene Ablass könne sogar einen Sünder, der die Jungfrau Maria vergewaltigt hätte, aus dem Fegefeuer holen. Was für ein Produktversprechen!

Die Möglichkeit, mit gekauftem Ablass Vergebung zu erlangen, ist nicht die einzige Absurdität, die in der Bibel nicht begründet ist. Seit nunmehr zwei Jahrtausenden drehen und wenden Menschen biblische Aussagen, wie es ihnen gefällt. Halbwahrheiten und verdrehte Zitate dienen als Argumentationshilfe für den eigenen Standpunkt. Bis heute machen sich die wenigsten Hörer die Mühe, nachzusehen, ob das, was zitiert wird, auch wirklich in der Bibel steht.

Das Verdrehen von Zitaten hat bereits in der Bibel Tradition

Die schlampige Interpretation von Bibelinhalten ist kein modernes Phänomen. Ungenaue Zitate finden sich bereits in biblischen Zeiten. So erzählt der Evangelist Johannes, wie eine Meute aufgebrachter Rechtsgelehrter eine Frau zu Jesus schleppt. Sie stellen sie in die Mitte und sagen: *Meister, diese Frau ist auf frischer Tat beim Ehebruch ergriffen worden. Mose aber hat uns im Gesetz geboten, solche Frauen zu steinigen. Was sagst du?*

Hier handelte es sich um eine Fangfrage. Hätte Jesus gesagt »Lasst sie gehen«, hätte er also Barmherzigkeit vor Recht geübt, dann wäre er vor aller Welt als Gesetzesbrecher dagestanden. Hätte die Steinigung jedoch seine Zustimmung gefunden, dann hätte er seinen Ruf als barmherziger Menschenfreund und Anwalt der Schuldigen verloren. Mit keinem Wort erwähnt das Johannesevangelium, dass die Schriftgelehrten das Gesetz unvollständig zitieren. Denn eigentlich steht im dritten Buch Mose, dem Gesetz auf das sie sich berufen: *Wenn jemand die Ehe bricht mit der Frau seines Nächsten, so sollen beide des Todes sterben, Ehebrecher und Ehebrecherin, weil er mit der Frau seines Nächsten die Ehe gebrochen hat.*

Die Schriftgelehrten wollten jedoch die Todesstrafe nur an der Frau vollziehen. Allein kann aber niemand Ehebruch begehen. Irgendein Mann musste auch in diesem Fall mit dabei gewesen sein. Ihn ignorierten die Rechtsgelehrten. Auf den Gedanken, auch den männlichen Sünder zu steinigen, kamen sie nicht. Der ganze Aufruhr hatte also nichts mit der Einhaltung von Gesetzen zu tun. Sonst hätten die Hüter von Recht und Ordnung anders vorgehen müssen. Die Gelehrten wollten unter dem Deckmantel einer juristischen Amtshandlung dem unliebsamen Mann aus Nazareth eins auswischen. Dafür zitierten sie falsch aus der Thora und verbogen ungeniert ein uraltes, in ihrer Tradition ehrwürdiges biblisches Gesetz.

Biblische Geschichten eignen sich hervorragend zur Polemik

Auch Paulus, der selber ausgebildeter Schriftgelehrter war, verwendete eine Geschichte aus dem Alten Testament, um zu polemisieren. Er scheute nicht davor zurück, die Aussage der hebräischen Bibel völlig umzukehren. Im zweiten Buch Mose hatte Paulus schon als Kind gelesen, dass Mose nach einer Gottesbegegnung vollkommen verändert zu seinen Leuten zurückkehrte.

Als nun Mose vom Berge Sinai herabstieg, hatte er die zwei Tafeln des Gesetzes in seiner Hand und wusste nicht, dass die Haut seines Angesichts glänzte, weil er mit Gott geredet hatte.

Die Menschen, denen Mose begegnete, konnten dieses Leuchten nicht ertragen. Sie fürchteten sich vor ihm und mieden ihn deshalb. Um seinen Leuten die Scheu zu nehmen, *legte er eine Decke auf sein Angesicht.* Diese nahm er fortan nur mehr ab, wenn er allein vor Gott trat um neue Anweisungen zu empfangen.

Paulus aber schrieb an die Gemeinde in Korinth, dass der eigentliche Grund, warum Mose sein Gesicht verhüllt hatte, ein ganz anderer gewesen sei. Er unterstellte ihm, dass er die Decke nur deshalb vor seinem Antlitz trug, damit die Leute nicht sehen konnten, wie das Leuchten, der Abglanz der Herrlichkeit der Gottesbegegnung, ziemlich bald zu Ende ging. Paulus unterstellte Mose Heuchelei, indem er die ganze Inszenierung mit der Decke nur als Täuschung abtat. Paulus behauptet das, um sich gegenüber den Korinthern als der Überlegene darzustellen. Selbstbewusst meint er, dass die Herrlichkeit, die er selbst erfahren habe, ohne Ende sei. Ganz im Gegensatz zu dem, was Mose von Gott zu verkünden hatte.

Der Teufel ist bibelfest

Wer wider Erwarten sehr wohl bibelfest ist, ist der Teufel höchstpersönlich. In der Geschichte von der Versuchung Jesu bringt er ein Zitat, und zwar ein vollkommen korrektes. Der Teufel will Jesus dazu bringen, sich publikumswirksam von der hohen Zinne des Tempels zu stürzen, um alle Welt von seiner Göttlichkeit zu überzeugen. Mit einem Vers aus Psalm 91, den er exakt zitiert, argumentiert er: *Gott wird seinen Engeln deinetwegen Befehl geben; und sie werden dich auf den Händen tragen, damit du deinen Fuß nicht an einen Stein stößt.*

Jesus lehnt das vorgeschlagene Schaulaufen ab und kontert mit einem anderen Bibelvers. So liefern sich der bibelfeste Teufel und der Schriftgelehrte Jesus ein Wortgefecht auf Augenhöhe, das ohne falsche Zitate auskommt.

Aus der langen Tradition der manipulativen Verdrehung von Bibelzitaten lassen sich zwei zentrale und beispielgebende Lehren ziehen.

Erstens. Zweifel sind angebracht, wenn jemand behauptet, dass etwas so und nicht anders in der Bibel stehe. Solange ich es nicht nachlesen kann, glaube ich es nicht.

Zweitens. Am Beispiel Jesu erkennen wir, dass selbst ein exakt zitierter Bibelvers nicht vom eigenständigen Nachdenken entbindet. Dies sei vor allem jenen gesagt, die Bibelzitate aus dem Zusammenhang gerissen verwenden und dabei das Ganze der biblischen Botschaft ins Gegenteil verdrehen.

EIN BISCHOF SOLL EINE FRAU HABEN

Irgendwann zwischen dem Jahr Fünfzig und Sechzig nach Christus schreibt der Apostel Paulus an seinen Weggefährten, Mitarbeiter und engen Freund Timotheus: *Wer ein Bischofsamt begehrt, der begehrt eine hohe Aufgabe. Ein Bischof aber soll untadelig sein, Mann einer einzigen Frau, nüchtern, maßvoll, würdig, gastfrei, geschickt mit Lehren, kein Säufer, nicht gewalttätig, sondern gütig, nicht streitsüchtig, nicht geldgierig, einer, der seinem eigenen Haus gut vorsteht und gehorsame Kinder hat in aller Ehrbarkeit.*

Auch wenn die Bibelexegeten die Echtheit der Briefe des Paulus an Timotheus bezweifeln, liegt hier doch eine ganz frühe Aussage zum Thema Bischof und Familie vor.

Das griechische Wort Episkopos, von dem sich das deutsche Wort Bischof ableitet, bedeutet »Aufseher«. Ein Bischof ist also einer, der darauf achtet, dass die christliche Gemeinde funktioniert.

Das Persönlichkeitsprofil eines Bischofs im ersten Timotheusbrief fügt sich in dieses Bild. Nüchtern soll er sein, also kein Eiferer, weder in religiösen noch in weltlichen Belangen. Ein untadeliges Vorleben soll er haben und einen guten Ruf, auch bei den Heiden. Die in den frühen christlichen Gemeinden geübte Gastlichkeit, also die Aufnahme von Glaubensgeschwistern und Armen ins eigene Haus, soll ihm ein Herzensanliegen sein. Dass Alkoholmissbrauch und Gewalttätigkeit als Ausschließungsgrund extra genannt werden, lässt darauf schließen, dass diese Probleme auch vor den christlichen Gemeinden nicht Halt machten. Die finanziellen Interessen eines Bischofs sollen sich in Grenzen halten, da er immun gegen die Verlockungen von Korruption und Misswirtschaft sein muss. Die Einnahmen aus seinem Brotberuf ernähren ihn. Die Gelder der Gemeinde verwaltet er jedoch zugunsten der Armen. Überdies soll er ein guter Ehemann und kluger Vater sein.

Das Amt des Bischofs von damals entspricht heute am ehesten dem eines Pfarrers oder einer Pfarrerin.

Zum biblischen Jobprofil eines Bischofs gehörte die Familie

Die Begründung leuchtet ein. Wenn ein Bischof seine eigene Familie nicht zusammenhalten kann und in seinen privaten Beziehungen Chaos herrscht, wie soll er dann eine Gemeinde führen, wo eine Vielzahl an unterschiedlichen Interessen aufeinander treffen. Die Familie ist das erste Feld, auf dem sich ein Bischofskandidat bewähren soll, sagt die Bibel. Nicht umsonst heißt es im Brief an Timotheus: *Denn wenn jemand seinem eigenen Haus nicht vorzustehen weiß, wie soll er für die Gemeinde Gottes sorgen?*

Wenn es im Mikrokosmos Familie klappt, dann sind die Chancen gut, dass es auch im Makrokosmos Gemeinde funktioniert. Das ist Paulus' einfache, aber bestechende Logik.

Die Formulierung er solle *Mann einer einzigen Frau* sein, könnte bedeuten, dass der Bischof keinen Harem haben sollte. In der damaligen Zeit war es durchaus üblich, dass ein Mann mehrere Frauen hatte. Insofern gab es genügend Anlass, um hier einen moralischen Maßstab zu setzen.

Der biblischen Wissenschaft zufolge bezieht sich diese Forderung auf das Thema Scheidung. Die dazu passende Deutung würde lauten: Ein Bischof soll sich nicht aus Mutwillen von seiner Frau scheiden lassen, um eine andere zu heiraten. In biblischer Zeit konnte ein Mann seiner Gattin den sogenannten »Scheidebrief« geben. Er musste hierfür nur etwas »Störendes« wahrnehmen. Wie sich jeder vorstellen kann, handelte es sich bei der Suche nach Störfaktoren um eine leichte Übung. Der Frau mussten infolge mehrerer Schwangerschaften nur ein paar Zähne fehlen und schon durfte sie der Mann wegschicken. So sollte es ein Bischof eben nicht machen. Aus Repräsentationsgründen eine jüngere und attraktivere Frau ins Ehebett zu holen, widersprach den Grundsätzen des Bischofsamtes. Das Scheidungsverbot schützte Frauen, die sonst rechtlos den Launen der Männer ausgeliefert waren.

In der frühen Kirche trugen Bischöfe keine prunkvollen Gewänder, keinen Hirtenstab und keine Mitra. Sie waren wie die anderen Gemeindemitglieder gekleidet. Sie wurden von den Mitgliedern aus dem Kreis der erwachsenen Männer gewählt und standen geistlich nicht über den ihnen Anvertrauten. Vielmehr prüfte und beurteilte die Gemeinde die Person, die sich um das Bischofsamt bewarb.

Wie lebt er mit seiner Frau?

Wie geht er mit seinen Kindern um?

Ist sein Haus offen für Arme und Bedürftige?

Diesen und vielen anderen Fragen ging die Gemeinde nach, bevor sie eine Entscheidung traf.

Der Zölibat entstand aus wirtschaftlichen Überlegungen

Jahrhundertelang war es selbstverständlich, dass Priester und Bischöfe verheiratet waren. Erst nach rund tausend Jahren Christentum änderte sich das. Nicht aus geistlichen oder theologischen Gründen, sondern aus wirtschaftlichen Überlegungen.

Ein Priester bekam im Mittelalter kein Gehalt. Seinen Lebensunterhalt bestritt er, indem er neben seinem Priesteramt eine Landwirtschaft betrieb. Die Ländereien dafür erhielt er bei Amtsantritt als Lehen. Die Mitglieder der Pfarrgemeinde bezahlten weder Kirchensteuer noch einen Kirchenbeitrag. Sie leisteten eine bestimmte Anzahl von Arbeitsstunden auf den Feldern und in den Wäldern des Pfarrers. Starb dieser oder legte er sein Amt zurück, fielen die Ländereien wieder an die Lehensgeberin, also an die Kirche, zurück. Der nächste Amtsinhaber bekam sie zur Sicherung seines Lebensunterhaltes weiterverliehen.

War aber ein Priester verheiratet und hatte er eheliche Kinder, ging das Lehen, also das Nutzungsrecht der Ländereien, nach dessen Tod an seine Erben über. Da diese nicht automatisch in das Priesteramt nachrückten, geriet das kirchliche Finanzierungsmodell in Gefahr. Innerhalb von wenigen Jahrzehnten hätte die Kirche ihre Ländereien nicht mehr für den Unterhalt der nachrückenden Priester zur Verfügung gehabt.

Statt die Entlohnung des Priesterstandes zu reformieren, führte die mittelalterliche Kirche des Westens das Eheverbot für Priester ein. Auf diese Weise wurde eine ökonomische Lösung zu einer fundamentalen Frage des Kirchenrechts. Nicht die Ehefrau oder der Sex waren das Problem, sondern die erbberechtigten Nachkommen der Eheleute.

Auch heute gibt es katholische Priester mit Familie

Dass es auch ohne Zölibat geht, zeigen Beispiele aus allen christlichen Konfessionen. Sogar in der römisch-katholischen Kirche gibt es verheiratete Priester. Evangelische, altkatholische oder anglikanische Pfarrer, die zum Katholizismus konvertieren, nehmen ihre Familie ins römisch-katholische Priesteramt mit. Die Priester des griechisch-unierten Ritus, einem Zweig der römisch-katholischen Kirche, der die Gottesdienste nach einer eigenen, nicht-römischen Ordnung feiert, haben als katholische Priester unter der Jurisdiktion des Papstes immer schon Familien gehabt.

Ich glaube nicht, dass zölibatär lebende Pfarrer schlechtere Seelsorger sind als solche, die in einer Beziehung leben. Aber ich bin dafür, dass jeder die Möglichkeit haben soll, seine Lebensform frei zu wählen, wie es die Bibel ja auch vorsieht.

Der ursprüngliche Grund für den Zölibat, nämlich die ökonomische Versorgung mehrerer Priestergenerationen, ist auch längst weggefallen. Statt eines landwirtschaftlichen Lehens bekommen Priester heutzutage ein monatliches Gehalt, wie jeder andere Dienstnehmer auch.

Das Neue Testament jedenfalls lässt keinen Zweifel daran, dass es gut, erwünscht und ganz normal ist, wenn geistliche Führungspersönlichkeiten verheiratet sind und Kinder haben.

DIE KIRCHE IST KEIN GOTTESHAUS

Nach einem schwülen Sommertag im Juli 1988 zog über der niederösterreichischen Stadt Traiskirchen ein Gewitter auf. Binnen kürzester Zeit regnete es in Strömen. Gegen 18 Uhr öffnete ich die Türe der kleinen Jugendstilkirche, deren Pfarrerin ich damals war. Die evangelische Kirche liegt gegenüber der sogenannten Betreuungsstelle Traiskirchen. Damals hieß die Einrichtung einfach nur »Flüchtlingslager«. Mit einem Keil verklemmte ich den weit offenen Türflügel. Das genügte. Unzählige Menschen lebten damals seit Wochen rund um das Flüchtlingslager auf der Straße. Sie verstanden die Botschaft des offenen Kirchentors. In Scharen flüchteten sie vor dem heranziehenden Unwetter in die Kirche. Alte, Junge, Säuglinge, Kleinkinder, Jugendliche. Rund neunzig Personen fanden in dieser Nacht Zuflucht. Menschen aus aller Herren Länder. Christen, Muslime, Atheisten, sie alle lagen auf und unter den Kirchenbänken oder kuschelten sich im Altarraum zusammen. Auf dem Boden des Kirchenraumes gab es kein freies Fleckchen mehr. Bequem war das bestimmt nicht. Aber immer noch besser, als im kalten, strömenden Regen zu sitzen.

Durchschnittlich fünfzig Menschen feierten damals den Sonntagsgottesdienst in der evangelischen Kirche Traiskirchen. Seit diesem Gewitterabend übernachteten monatelang beinahe doppelt so viele im beengten Kirchenraum. Nach langen Verhandlungen und endlosen Debatten rangen sich die zuständigen Behörden schließlich zu einer Lösung durch und brachten die obdachlosen Asylwerber auf menschenwürdigere Art und Weise unter.

Die Reaktionen auf meine Initiative fielen ganz unterschiedlich aus. Manche begrüßten die Hilfsmaßnahme. Sie beglückwünschten mich für die Entscheidung, obdachlose Familien mit Kleinkindern von der Straße zu holen und boten ihre Unterstützung bei der Versorgung der Asylwerbenden an. Andere meinten, dass diese fremden Menschen die Kirche, das »Haus Gottes«, entweihen würden. Dass dort nun Kinder gestillt und gewickelt wurden und

Obdachlose auf den Kirchenbänken einen Schlafplatz gefunden hatten, fanden sie falsch und blasphemisch. Die Heiligkeit des Gotteshauses sei gefährdet, wenn dort Menschen ihr Abendessen einnehmen und Tee trinken, den freundliche Traiskirchner ganz unbürokratisch vorbeibringen, meinten die kritischen Stimmen. »Schmutzig« war das häufigste Wort, das die Entweihung des angeblich sakralen Raumes beschreiben sollte. Ich verstand die Sorgen der Leute. Selbst in archaischen Religionen gilt alles Heilige als rein und alles Unheilige als unrein, schmutzig. Doch die Vorstellung des »heiligen Gotteshauses« basiert auf einem Missverständnis.

Die Vorstellung vom Gotteshaus macht Gott verfügbar

Kirchen, Synagogen, Moscheen und andere Glaubensstätten »Gotteshaus« zu nennen, ist langgeübter Sprachgebrauch. Der Ausdruck beflügelt die Vorstellung, dass Gott in diesem Gebäude anzutreffen ist. Gott sitzt und wartet, dass jemand vorbeikommt. Das ist natürlich eine praktische Sache. Jeder kann unbehelligt durch die Welt wandern und seinen Alltagsgeschäften nachgehen. Gott stört dabei nicht. Er sitzt ja in seinem Haus, dem Haus Gottes, und wartet auf Besuch. Jeder, der einen »Bedarf« nach Gott hat, weiß, wo er ihn finden kann. So, wie im Wien der Zwischenkriegszeit, wo jeder wusste, in welchem Kaffeehaus er einen bestimmten Literaten antreffen konnte.

Wenn ich das Wort »Gotteshaus« höre, stelle ich mir ein Kaffeehaus vor. Wie in Kaffeehäusern finden Besucher in den verschiedenen »Gotteshäusern« ganz unterschiedliche Atmosphären. Die katholischen riechen nach Weihrauch, die muslimischen sind mit Teppichen ausgelegt, die evangelischen haben einen Granitboden, bei dem sich die Menschen kalte Füße holen. Der Kaffee, im Fall der Gotteshäuser der Glaube, schmeckt überall anders und wird auch mit verschiedenen Zutaten serviert.

Die Bibel weiß, Gott wohnt in keinem Haus

Die Erfahrung, dass sich Gott nicht in irgendwelche Häuser stecken lässt, machte bereits König Salomo. Er baute in Jerusalem einen prächtigen Tempel. Ein Gotteshaus vom Feinsten sollte es werden, erzählt das erste Buch der Könige. Alles, was teuer und kostbar war, ließ Salomon herbeischaffen. Die Mittel dafür brachte er selber auf.

Nach aufwendigen Arbeiten war es endlich soweit. Unter großer Anteilnahme der Bevölkerung weihte der stolze König den Prachtbau ein. Mitten in der Feier erkannte Salomo jedoch: *Siehe, der Himmel und aller Himmel Himmel können dich, Gott, nicht fassen. Wie sollte es dann dies Haus tun, das ich gebaut habe?*

Gott wohnt in keinem Haus und besitzt auch keines. Schon gar nicht eines, das heilig ist. Dabei ist es geblieben. Darum gibt es im Judentum kein Gotteshaus, sondern Synagogen, was übersetzt »Raum der zusammengekommenen Gemeinde« heißt. Auch im Islam würde es niemandem einfallen, eine Moschee als Haus Allahs zu bezeichnen. Muslime sehen in ihr einen Mehrzweckraum. Eine Moschee dient nicht nur dem Gottesdienst, sondern beherbergt auch andere Veranstaltungen.

Wie Synagogen und Moscheen sind auch evangelische Kirchen Versammlungsorte für die Gemeindemitglieder. Sobald evangelische Menschen zusammenkommen, um den Gottesdienst zu feiern, wird jeder Raum zum Kirchenraum. Das kann auch ein Hinterzimmer in einem Wirtshaus sein oder das Kellergewölbe eines Wohnhauses. An so einem Ort feierte die Gemeinde im dritten Wiener Gemeindebezirk, deren Pfarrerin ich eine Zeit lang war, um 1900 ihre Gottesdienste. Ein Kirchenraum stand ihnen damals nicht zur Verfügung.

Wenn ein Wirtshaustisch als Altar dienen kann, kann eine Kirche auch Unterstand für Flüchtlinge sein, die dort essen und schlafen.

Die frühen Christen hatten keine Kirchen

Für mich ist dort Kirche, wo Menschen im Namen Jesu zusammen-kommen. Bis ins 4. Jahrhundert war das für Christen selbstver-ständlich. Sie kannten noch keine Kirchenräume. Zu den Got-tesdiensten am Sonntagabend versammelten sie sich in Privat-häusern. Dort kamen sie im Namen Jesu zusammen, der gesagt hat: *Wo zwei oder drei in meinem Namen beisammen sind, da bin ich mitten unter ihnen.*

Einen bestimmten, überdies »heiligen« Raum für den Gottes-dienst, hielt er offenbar nicht für notwendig. Die Menschen ma-chen den Gottesdienst, nicht der Raum. Oder anders gesagt: Zur Kirche wird ein Raum erst dadurch, dass Menschen hier gemein-sam den Gottesdienst feiern. Die frühen Christen lebten diesen Grundsatz viel selbstverständlicher als die christlichen Gemeinden heute. Wichtiger Bestandteil ihrer Zusammenkünfte war neben dem Singen und Beten das gemeinsame Abendessen. Das ließ sich in einem privaten Wohnzimmer ganz wunderbar ausrichten. Alle sollten dabei satt werden. Auch die Armen und die Sklaven. Essen im Gottesdienst – richtiges Essen und nicht nur die Einnahme der Hostie – war also für die ersten Christen ganz normal.

Der Tee und die Jause für die Asylwerber in der kleinen evange-lischen Kirche in Traiskirchen entsprachen der biblischen Tradi-tion.

Erst am Ende des 4. Jahrhunderts, als die Kirche im römischen Reich von der verfolgten Sekte zur Staatskirche aufstieg, entstan-den große Kirchenräume nach dem Vorbild der römischen Markt-hallen. Dazu kam noch die Entwicklung des geweihten Priester-amtes, um aus diesen Orten für Massenversammlungen soge-nannte Häuser Gottes zu machen. Der Priester verwandelte nun nach kirchlicher Lehre allsonntäglich Brot und Wein in Leib und Blut Christi. Was die Gläubigen nicht verzehrten, hob er in einem Schrank, dem Tabernakel, für den nächsten Gottesdienst auf. In diesem Kästchen war Christus auch außerhalb der Gottesdienste mit Leib und Blut anwesend. Christus »wohnte« nun hier. Die Vorstellung vom Haus Gottes war geboren.

In meiner Kindheit verbaten mir die Erwachsenen alle natürlichen Verhaltensweisen, sobald wir eine Kirche betraten. In einem Gotteshaus, sagten sie mir, darf niemand laufen, lachen und sich frei bewegen. Den Aufenthalt in einer Kirche fand ich anstrengend, obwohl meine Familie die »heiligen Stätten« nur als Touristen besuchte. Draußen redeten wir ganz normal miteinander. Sobald wir den kühlen, dämmrigen Raum betraten, durfte ich höchstens im Flüsterton sprechen. Ich war heilfroh, als wir wieder draußen ankamen.

Gott bewohnt ein Zelt

Die Frage, wo Gott zu finden ist, wenn nicht in den sogenannten Gotteshäusern, beantwortet ein Abschnitt der Offenbarung des Johannes, des letzten Buchs der Bibel: *Siehe da, die Hütte Gottes bei den Menschen!*

Das griechische Wort bedeutet aber nicht Hütte, sondern Zelt. Siehe da, das Zelt Gottes bei den Menschen.

Gott schlägt unter den Menschen sein Zelt auf, erzählt die Offenbarung. So ein Zelt ist barrierefrei und der Zeltbewohner ist auch nicht immer verfügbar. Er kann jederzeit weiterziehen.

PETER MENASSE

REDE AN UNS

edition a

Peter Menasse
Rede an uns

Opfer sind Verlierer. Sie langweilen
und nerven. Wer als Opfer auftritt, wird
nicht ernst genommen. Er vermittelt
keine Gegenwart und hat keine Zukunft.
Peter Menasse hält seiner eigenen, der
jüdischen, Gemeinschaft eine Standpau-
ke: Die Schoah ist kein Argument mehr.
Die heutigen Juden sind keine Opfer
mehr und die heutigen Deutschen und
Österreicher keine Täter. Wenn die Juden
auf ihrer Opferrolle beharren, werden
sie ihre gesellschaftliche Bedeutung
einbüßen. Eine provokante Rede darüber,
wie die politischen Leitfiguren der Juden
falsche Feindbilder pflegen, warum die
Gedenkstätten auch abgerissen werden
können und was gegen Antisemitismus
und Fremdenfeindlichkeit wirklich zu
tun wäre.

ISBN 978-3-99001-053-2
112 Seiten, EUR 14,90

Christian Ortner

PROLO
KRATIE

Demokratisch
in die Pleite

edition a

Christian Ortner
Prolokratie

Sie ist ungebildet, unreflektiert,
manipulierbar, von vordergründigen
Bedürfnissen getrieben und entbehrt
jedes Weitblickes – jene Masse, an der
sich Politiker aller Lager orientieren und
die so letztlich bestimmt, wo es im Staat
langgeht. Christian Ortner widmet sich
in seiner Streitschrift mit pointierter
Polemik den Folgen dieser Vorherrschaft
der bildungsfernen, aber grundsiche-
rungsaffinen Schichten und gelangt zur
Einsicht: Die Demokratie ist früher oder
später zum Bankrott verurteilt, denn die
Masse regiert den Staat in den Untergang. Erst wenn er ruiniert ist, können
die demokratischen Systeme wieder
Selbstheilungskräfte entwickeln.

ISBN 978-3-99001-047-1
96 Seiten, EUR 14,90